93歳、崑ちゃんのハツラツ幸齢期

大村崑
KON OOMURA

JN190385

中央公論新社

CONTENTS

第4章　自分が変われば世界も変わる……171

撮影●霜越春樹
構成●野田敦子
装幀・本文デザイン●中央公論新社デザイン室

93歳、崑ちゃんのハツラツ幸齢期

はじめに

ありがたいことに、街を歩いていると多くの方が声をかけてくださいます。先日も通りがかった紳士に話しかけられました。

「大村崑《おおむらこん》さんですよね」

「そうですよ！」と元気に答えると、

「お会いできてうれしいです。あの……大変失礼ですが、おいくつになられました？」

「93歳です」

「93歳。そうですか」

それで納得されたかと思いきや、次の瞬間、

「えーーーーっ⁉　きゅうじゅうさんさい⁉」

と紳士らしからぬオーバーアクションで二度見されるじゃありませんか。目を丸くしてぼくをじっと見つめ、

「いやいや、冗談はやめてください。嘘でしょう！」

「ほんまですよ」

「ええっ⁉　お若いですねえ！　驚きました。とても、そんなお年には見えません。すばらしいなあ」

まだ信じられないという顔でぼくの手を強く握り、名残惜しそうに去って行かれました。


実は最近、こんなことがよく起こるんです。

そのたびに、ぼくは心の中でひそかにガッツポーズ。長年、喜劇役者をやってますから、お客さんの反応が大きいとうれしくなるんですよね。いやあ、長生きしてよかった。年齢を言うだけでこんなに褒めてもらえるなんて、えらい得した気分です。

おっと失礼しました。ご挨拶がまだでしたね。

改めまして、こんにちは。現役最高齢の喜劇役者・大村崑です。1931（昭和6）年生まれ。2024年の11月で93歳になりました。このたびは、ぼくの本を手にしてくださり、ありがとうございます。

さきほどの紳士にならうわけではありませんが、あなたは、今、おいくつですか。きっと、ぼくより、お若いでしょうね（もし先輩だったらすみません！）。え？　なんですって？　これ以上、年はとりたくない？　なるほど、なるほど。その気持ち、よーくわかります。「寝たきりにならないか。家族に迷惑をかけないか……」。心配しだしたら、きりがありませんもんね。しかも世の中には、老後の不安をあおる情報があふれています。

ぼくにも不安な時期はありました。ところが、いざ、この年になってみたら、あら不思議。想像とはまったく違っていたんです。

90代は楽しいですよ。ぼくは今、最高に幸せです。

現場からは以上です！（笑）

いえいえ、強がってるわけじゃありません。嘘偽りなし。ほんまに今が一番といってもいいぐらい幸せなんです。

90歳を超えると、みんなが大事にしてくれます。最近の若い人は冷たいなんて声を聞きますが、そんなことありません。親切な人もたくさんいますよ。年をとったら強がらずに、上手に頼ったもん勝ちです。意固地になってええことなんて、ひとつもないですもん。

ぼくは、タクシーやバスから降りるとき、「大丈夫ですか」と手を差し伸べられると、ありがたく握らせてもらい、丁重にお礼を言うようにしています。ほんまは自分の足でスタスタ歩けますけど、優しい気持ちがうれしいじゃないですか。そんなぼくを見てマネージャーが余計なことを言うんですわ。「師匠！　女の人のときに限って長いこと手を握ってませんか！」。野暮ですねえ。ぼくは、レディの優しさに感謝を表すべく、ちょっと長めに手を添えさせてもらっているだけですよ。えへへ。

そういうわけで、ぼくは、90代になってますます人の親切が身に沁《し》みるようになりました。いつも心は感謝でいっぱい。幸せやなあとしみじみ思います。

最近は、うれしいことに講演に招かれることも増えました。ぼくが筋トレのおかげで元気なことや、現役の喜劇役者であることに興味をもってくださる方が多いみたいです。いろんなお話をさせていただきますが、一つだけ必ずしようと決めていることがあります。それは、ホワイトボードに書かれた「高齢者」の「高」に×をつけて「幸」と書きなおすこと。

「高齢」を「幸齢」に変えるんです。

幸齢者、幸齢期……いいと思いませんか。齢《とし》を重ねるごとに幸せになるなんて、明るい気持ちになるでしょう。

もしあなたが、今、ちょっと体調を崩していたとしても幸齢者になるのをあきらめないでくださいよ。長く生きていれば、多くの人が病気やケガの一つや二つはするもんです。何を隠そうぼくも50代で大腸がんを患ったし、86歳で筋トレをはじめるまでは、ヨボヨボ歩きの「ザ・おじいさん」でした。でも、見てください。今はこんなに「元気ハツラツ！　オロナミンC」です。（笑）

いくつになっても、決してあきらめないこと。「もう年だから」「この体では無理」としょんぼりしてしまわずに、できることから少しずつやってみることが肝心なんです。無理する必要はないけれど、ちょっとした努力は続けんとあきません。これだけは、断言さしてもらいます。

ぼくが健康のために日々続けていることや、高齢になってからの人間関係を円滑にするコツなど、皆さんの役に立ちそうなあれこれを出し惜しみせず正直にお話ししたいと思います。最近、巷《ちまた》で話題の「終活」についても、ぼくたち夫婦が取り組んでいることを、ぜひ参考にしてみてください。

ぼくの願いは、この本を読み終えたあなたが、「年をとるのも悪くないかも。ちょっと楽しみになってきた」と感じてくださること。若いころより多めの自由時間を上手に使って、のんびり楽しく気長にやっていきましょうよ。

幸齢者になれるかどうかは、一にも二にも自分次第。ぼくも、まだまだがんばりまっせ。それでは、はじめましょう。崑ちゃんと一緒に、元気ハツラツな明日に向けて、出発進行！

第1章

どうせやるなら愉快な終活を

最後まで自宅で、のはずが……

2023年の暮れ、ぼくたち夫婦は住み慣れた家を離れてシニアレジデンス（自立型有料老人ホーム）に引っ越しました。

実は、ぼくも妻の瑤子《ようこ》さんも、ちょっと前まで、そんな気はまったくなかったんです。自宅は約300平方メートル8LDKの広々とした作りのマンションで、立地もよく、住み心地も気に入ってましたから。でも、一戸あたりが広すぎて時代に合わなくなったんでしょうね。棟内のテナントや住居に空きが目立ちはじめたかと思うと、あっという間にぼくたちふたりだけになってしまった。6階建てのビルにポツンとふたりというのは、想像以上に怖いものです。かすかな物音にもビクッとするし、外に出ると瑤子さんのことが心配で頭から離れません。何度電話しても出なかったら、「さては、強盗が入ったか！」と気になって気になって仕事が手につかないんです。

夜、タクシーで帰るとエントランスは真っ暗。もし、「あそこに住んでいるのは、大村崑夫妻だけや」と嗅ぎつけた悪いヤツが刃物を手に待っていたら……。ね、怖くてたまらんでしょう。毎回、運転手さんに多めにチップを渡し、「すみませんけど、ぼくが合図するまでライトで照らしといてもらえますか」と頼んで、エレベーター内が安全だとわかるまで見といてもらいました。誰もいなかったら頭の上で大きな丸を作ってOKの合図を送るからと。さすがに「ビルが無人で怖い」とは言えないから、「ちょっと電気系統が故障しててね」なんて苦しい嘘をついたりして。今思えば、そんなあれこれもストレスでしたねえ。

これまであまり意識してこなかったけれど、快適に暮らすための土台は、何はさておき「安心」と「安全」です。年をとればとるほど、この二つがないと落ち着いて生活できないと痛感しました。

高齢者向けマンションへの引っ越し

ちょうど、その頃、近くに立派な建物が完成したんです。瑤子さんと「あれは、なんだろうね」と話していたら、風の便りで、どうやら元気な高齢者のためのシニアレジデンスらしいと。シニアレジデンス、ちょっといい響きじゃないですか。どんなものか興味がわいて、とりあえず見学だけでもしてみようとふたりで出かけました。そしたら、まあ、すばらしいのなんのって。広々としたロビーには24時間明かりがついているし、夜間警備員も常駐。受付には感じのいい女性スタッフが複数いて、「お帰りなさい」「行ってらっしゃい」と笑顔で声をかけてくれるんです。ああ、ここなら安全だ。安心して暮らせる。瑤子さんがひとりでいる時間も心配しなくていい。そう思っただけでほっとして肩の荷が下りたような気がしました。

問題は、肝心の瑤子さんです。彼女は、「自宅で夫婦ふたり、誰にも気を遣わず気ままに暮らしたい。あなたが先に死んでも、ここでひとり暮らしを続けますから」と日頃からきっぱり宣言していました。そんな瑤子さんですから、いくら雰囲気がよくても高齢者向けマンションは嫌がるだろうなあ、ぼくはええと思うけど……なんてぼんやり考えていたんです。そしたら、「ここ、いいわねえ！」という声が。あれ？　空耳かな？　それともぼくの心の声？　すると次の瞬間、「私、気に入った。ここにしましょうよ！」とはっきり聞こえるじゃありませんか。びっくりして隣を歩く瑤子さんを見ると、満面の笑みで深くうなずいています。

そ、そうですか。そんなに気に入りましたか。さすが、我が司令官（ぼくは瑤子さんを司令官と呼んでいます。そのことについては、後ほどゆっくり）。お目が高い！　瑤子さんが気に入ったのなら、ぼくに異論のあるはずがありません。善は急げ。さっそく係の人に詳しく説明してもらい、とんとん拍子に契約へと進んだのです。

入居後しばらくして、闇バイトを使った強盗殺人など物騒な事件が次々に報道されるようになりました。しっかり戸締まりをしていてもガラスを割って侵入されたり、暴行の末に暗証番号を聞き出されたりと気の毒な事件ばかりで胸が痛みます。どうやら、いろいろな名簿が出回り、家族構成や年齢、財産などの個人情報がかなり漏れているみたいですね。昔とは犯罪の質も変わってしまいました。なんにせよ、用心するに越したことはありません。

ここは、入居者もＩＤカードがないと入れないぐらいですから、セキュリティは万全。あのとき、決断してよかったとしみじみ思います。

子どもに迷惑かけないということ

夫婦の居住スペースこそ狭くなりましたが、ここは、クリニックや薬局をはじめ、理美容室、シアターに娯楽施設、レストランに大浴場と共用施設が充実しています。阪神・淡路大震災と大阪府北部地震を経験したぼくらにとっては、地震に強い設計も決め手になりました。

もちろん、どこもバリアフリーだし、室内のあちこちに緊急呼び出しボタンがあり、センサーが一定時間、人の動きを感知しなかったら管理事務所からスタッフが駆け付けてくれる。いよいよ介護が必要になると、同じ建物内の介護居室で専門のスタッフが24時間、看取りまでしっかり面倒を見てくれます。
防犯面だけじゃなくて、「人生を最期まで楽しむための安心と安全」をまるごと買ったという感じですね。ぼくたち夫婦にとっても最大の終活です。

案外、ふたりの息子が一番、ほっとしたんちゃいますか。いくら元気とはいえ、90代の父と80代の母だけで暮らしてたら、いろいろ心配になるでしょう。世の中には、「そろそろ同居して面倒見なあかんかな。どこか施設に入ってくれたらええけど、言い出しにくい」なんて悩んでいるお子さんも多いはずです。子どもには子どもの家族や生活があるから、親の世話までするのはしんどいですもんね。しかも、いつまで生きるかわからへんし。（笑）

ぼくは、昭和6年生まれの昔の人間ですが、若いときから「親は親、子どもは子ども」という考え。ここに入居するときだって、息子たちに報告はしても相談はしてません。聞くところによると、ぼくらみたいにちょっと値の張る施設に入ろうとすると、「そんなに入居金の高いところはやめて。もらえる遺産が減ってしまう！」とお子さんに反対されるケースも多いんだとか。親御さんは、いくつになっても子どもが可愛いから、つい言うことを聞いてしまうんですって。気持ちはわかりますが、それでは思い通りの終活はできないと思うなあ。自分が一生懸命稼いで貯めたお金は、自分自身や奥さんのために堂々と使いましょうよ。そのためにずっと働いてきたんですから、当然の権利です。

ぼくは、息子たちに「親の面倒を見る必要はない。その代わり財産は一切残さへん。決して当てにしないように」と常々言ってきました。取材や講演でもさんざん話してきたんで、嫌でも耳に入っているはず。このシニアレジデンスは、入居時はもちろん、それ以降もそれなりにお金がかかります。ぼくも正直、残せるものなんて、ほとんどないのが現実。瑤子さんがゆったり暮らせる分だけ残して、あとは使い切って死ぬつもりですよ。

親は親の金で他人さんに面倒を見てもらう。

それで、ええんちゃいますか？　子どもも、そのほうが楽やし、助かるでしょう。すでに、そんな時代が来ていると思います。

ふたりの息子は、それぞれに独立し、幸せに暮らしています。親としての務めは十分、果たしました。あとは、瑤子さんとの時間を存分に楽しむだけ。そう考えると、気持ちも晴れやかです。

片づけは難儀です！

シニアレジデンスへの入居はとんとん拍子に決まりましたが、そうはいかなかったのが持ち物の処分です。居住スペースがぐんと狭くなるから、全部は持っていけないのはわかっていました。それに、終活の肝は「物の処分」なんて言うじゃないですか。「親の死後、実家の片づけにえらい苦労した」なんて話もあちこちで見聞きします。最後の親孝行やと思って後片づけぐらいしてくれてもええんちゃうの？　と文句の一つも言いたいけれど、自分たちでできるなら、やってしまうに越したことはありません。
うちの場合、この引っ越しを逃したら、物を減らすチャンスは二度と来ない！　そう自分にも瑶子さんにも言い聞かせ、できるだけ手放すことにしたんです。

まず、息子たちを呼び、「自分のものは全部持っていって。自分のものでなくても、要るものがあれば持っていってくれ」と頼んで運び出してもらいました。友人知人にも声をかけ、「欲しいものがあれば、どうぞ」と家具や道具を譲ってね。

いよいよ引っ越し間際になると、馴染みのタクシーの運転手さんにも「好きなものをどれでも選んでください」と家に上がってもらったぐらいです。恐縮しながら運転手さんが「では、これをいただきます」と指さしたのが、大枚はたいて買ったお気に入りの椅子だったときは、「しまった！　隠しときゃよかった！」と思ったけれど、後の祭り（笑）。「好きなものをどれでも」と言った手前、泣く泣く差し上げました。

職業柄、衣装など細々したものが多いのは仕方ありません。とりあえずの保管場所としてトランクルームを二つ借り、業者さんに運び込んでもらいました。

後日、必要なものを取りに行ったら、まあ、びっくり仰天！　床から天井まで段ボールがぎっしり！「奥様春夏もの」「ご主人様冬もの」なんて丁寧に書いてくれているけど、高いところにある段ボールにはまったく手が届かないし、下のものを出すには全部下ろさないといけない……。しかも、分類が大雑把だから、目当てのものがどの箱の中にあるのか、皆目見当がつかないときています。「こりゃ、あかん」と早々に探すのをあきらめました。

で、どうしたのかって？　今の住まいの近くにマンションを借りて、すべて移しました。「それの、どこが物の処分やねん！」というお叱りの声が聞こえた気がしますが、そんな厳しいこと言わんとってください。ぼくたち夫婦にとっても苦肉の策なんですから。

でもね、いいこともありました。マンションのほうが、トランクルームの何倍も使いやすいんです。スペースにゆとりがあるから部屋ごとにぼくの服、瑤子さんの服と分けて収納できるし、出し入れもスムーズ。キッチンで料理を作ってリビングで友だちと食べることもできるし、瑤子さんと喧嘩したら、ぼくはここに泊まることもできるし、万々歳!……いや、ちゃうちゃう、そんなことを言うてる場合やないねん（笑）。今は、季節ごとにスタッフが服や小物を取りに行ってくれるから、なんとかなっていますが、いずれはもっと減らさんとあきませんな。

これまでの仕事の資料や写真はすべて兵庫県丹波篠山《たんばささやま》市の「崑の村」で長男が管理してくれているんで安心です。「見たい写真があるから、今度探しに行こうね」と瑤子さんと相談しているところ。貴重な思い出の品がたくさんありますからね。

いやあ、持ち物の処分は、難儀ですなあ。少しずつ解決せなあかん課題です。そういうわけでぼくらの終活は、まだまだ続きます。

一歩部屋を出たら「大村崑」

引っ越す前から薄々気づいてましたけど、ここの人たちは、とにかくみんな元気なんです。総勢二百数十人ぐらいが住んでるのかな。約半分が夫婦で、もう半分がシングルの方たち。満60歳から入居できるから、年齢もさまざまです。「老人ホーム」なんて言うと、みんな「そんなんちゃうわ！」って怒りまっせ。だからぼくも、シニアレジデンスと呼ぶようにしてるんです。

普通のマンションと違うのは、部屋を一歩出ると「大村崑」を演じなくちゃいけないこと。エレベーターに乗っても「あら、崑ちゃん」「崑さん！」といろんな人に話しかけられます。ついこの間は、玄関ロビーで女性3人組につかまりました。

「崑さん！　一度、お声がけしたかったの。いやあ、お若いですねえ」
「ありがとう。あなたはおいくつ？」
「私ですか？　85です」

「じゃあ、うちの家内と変わりませんね。こちらの方は？」

「88です」

真ん中に凛《りん》としたカッコいい女性がいらっしゃるので、

「あなたはおいくつですか？」

「91歳です」

「え⁉　見えませんねえ。お若いですなあ！」

実際、お世辞ぬきに若々しくて素敵な方々でした。

「ぼくは93です」

「え⁉」

「じゃあ、ぼく、仕事に行きますんで、これで失礼します」

「はい、行ってらっしゃい。お気をつけて！」

「ごきげんよう。またゆっくり、お話ししましょう」

これが日常茶飯事。ここは、ぼくにとって「舞台」みたいなものですね。

そこで司令官・瑤子さんの登場です。ぼくが部屋を出るときには、必ず瑤子さんが目を光らせて全身をチェック。そりゃあ、厳しいですよお。

「足、引きずってますよ。今から出て行くのに大丈夫？」と瑤子さん。

「あれ？　引きずってた？　気をつけます」とぼく。

その場でリズムよく足踏みして勢いをつけ、さあ、今度こそ出かけようとドアに手をかけると、「背筋を伸ばして。足は大股で」と再び司令官の声。「はい！」「大きく手を振って堂々と歩く！」「わかりました。では、行ってまいります」「行ってらっしゃい」。

廊下に出てもしばらくは鬼の司令官が見ているので気が抜けません。え？　いくらなんでも大げさやって？　とんでもない！　ほんまに毎日、こんな感じなんですって（笑）。結婚してからずっと瑤子さんは「人前に出るときの大村崑」をしっかりチェックしてくれる、ありがたい存在なんです。

変化を元気の源に！

さっき、ここは、ぼくにとっての「舞台」だと言いましたが、もっと似ているものがあることに最近、気づきました。クルーズ客船です。世界一周の船旅とか、あるでしょう。あれです。あれに似てるんです。

30年ぐらい前かなあ。ぼく、日本籍最大の客船「飛鳥《あすか》」（現在は、飛鳥Ⅱ・飛鳥Ⅲ）のクルーズディレクターに任命され、乗客の代表として何度か乗せてもらったことがあるんですよ。船の上では、見知らぬ他人同士がレストランで食事をしたり、イベントに参加したりしながら長い時間をともに過ごして親交を深めていきます。至れり尽くせりで居心地がいいけれど、自室を出たら他人の目があるし、紳士淑女としてのマナーも求められるから、リラックスしつつも常にちょっと緊張しとかなあかんのです。あの雰囲気に似てるんですよねえ。

だから、シニアレジデンスのような場所が苦手な人もいると思いますよ。なんとなく気取っているとかリラックスできないとか感じてしまってね。ぼくは、職業柄、見られることに慣れてるし、なんでもいいほうに考えるたちなんで、今の環境を「元気の源」と前向きに受け取ってます。

ほら、年をとったら、「どうせ、じいさんやから」と油断しがちじゃないですか。身だしなみも「テキトーでええわ。誰も見てへん、見てへん」なんて、どんどん手抜きになっていって。これでは年寄りくさくなる一方でしょ。あなたも気をつけてくださいよ……なーんて言ってるぼくも、家の中じゃ、ダラダラしてますけどね。（笑）

だからこそ、一歩外に出たらシャキッと姿勢を正し、笑顔で「大村崑」を演じる！　このギャップが脳の刺激にもなっていいんです。ボケ防止にもなってるんちゃうかな。

ぼくたち夫婦に限らず、高齢になってから住まいを変えると、そこがどんなにすばらしい環境でもすべてに大満足とはいかないんじゃないでしょうか？　慣れ親しんだ昔の家を懐かしく思うこともあると思います。

だからといって「今までと勝手がちがう」「なんか気を遣って疲れる」と不満ばかり言っていたら、お金も時間ももったいない！　自分から歩み寄って順応する努力をせんとあかんと思います。ぼくみたいに環境の変化を「元気の源」ととらえてみてください。気持ちが前向きになるし、毎日の生活に張りが出ますから。

引っ越してから丸一年で親しく言葉を交わす友だちもたくさんできたし、スタッフの皆さんはええ人ばかりやし、前の住まいの何倍も楽しく過ごせてます。それにしても、あれだけ「自宅以外では暮らせません！」と言い張っていた瑤子さんが、あっという間になじんだのには驚きましたねえ。レストランで夕食を済ませたら、「あなた、先に帰っといて」ですから（笑）。夜、ロビーでリラックスして過ごすのが最近のお気に入りみたいです。ソファに座って雑誌の最新号を読んだり、気の合う友だちとおしゃべりしたりしているんでしょう。毎日、楽しそうで何よりです。司令官の機嫌がいいと、ぼくもうれしいですからね。

そういうわけで、これから終《つい》の住処《すみか》を見つけようとしているあなた。いくつになっても、その気になれば、新しい環境に順応できますよ。ぼくたち夫婦が保証します。

夫婦でおしゃべりを

つかぬことを伺いますが、あなたは奥さんとおしゃべりしてますか？　今日はどんな会話をしました？　え？　覚えてない？　まあ、何気ない日常会話なんて忘れてしまいますよね。わかります、わかります。でも、ぼくが、こんな質問をするのにはちゃんと理由があるんですよ。

そもそもは、30年前のクルーズ客船で気づいたことなんです。どのご夫婦も大枚はたいて豪華な船旅をしてるはずやのに、黙りこくってつまらなそうに食事してるんですよ。「気のせいちゃうかな？」と念のため、もう一度、レストラン全体を見渡してみましたが、やっぱりシーンと静まり返ってる。人は、会話が弾めば、うなずいたり、笑ったり、左右に首を振ったりと自然に頭が動くものなんです。ところがほんまにぼくたち夫婦以外、どの人の頭もちっとも動いてません。旦那さんも奥さんも、時々、料理に目を落とすぐらい。それに比べて女性同士のテーブルの楽しそうなこと！　ほがらかな笑い声が聞こえるし、頭もしきりに動いてます。雰囲気がまったく違うんで驚きました。

同じことをシニアレジデンスのレストランでも感じます。テーブルをはさんで向き合いながら、無言で食事しているご夫婦が多いんですよ。なんで、しゃべらへんのかなあ。どんな話題でも、よろしいやん。「この肉、おいしいな」「ちょっと味、薄ない？」とか感じたことを素直に口にすればいいんですよ。奥さんと会話を楽しみながら食べたら、料理が何倍もおいしくなるのにもったいないですねえ。

ぼくですか。ぼくは、食事中に限らずしょっちゅう瑤子さんに話しかけてますよ。しかも毎日2、3回、必ず褒めてます。「今日は、きれいね」とか、「今日の服は、似合ってる」「その髪型、いいねえ」とか、いろいろです。

褒めるのはいいですよー。あなたも、ぜひ今日から褒め上手になってください。

突然のことに奥さんがびっくりして、「ちょっと、具合悪いんちゃう？　熱でも出た？」なんて不思議がっても気にしたらあきません。毎日続けていると、少しずつ自然になりますから。瑤子さんも、ぼくが褒めると、「ああ、この服？　似合うかしら」なんて、まんざらでもない様子で、ちょっとご機嫌がよくなります。

ぼくにとっての幸せは、大好きな瑤子さんと喧嘩せず、いつもにこにこ笑って一緒の時間を過ごすことなんです。時々は、仲のいい友だちを誘って食事するのもいいですねえ。おいしいごはんを食べながらおしゃべりして、くだらないことで大笑いして、昔話に花を咲かせて。「ごちそうさま」と会計をお願いして思ったより安かったら、もう言うことなし。「ああ、今日は楽しかった。みんな元気やったし、料理はおいしかったし、安くてお得やったし……」。そんなふうに一日を振り返りながら布団に入る瞬間、ほんまに「生きててよかった」と思います。

褒め言葉は、夫婦の潤滑油です。単調になりがちな老夫婦の毎日をちょっと楽しく、うれしく、生き生きと変えてくれる魔法の言葉やと思います。照れくさいなんて言ってないで褒めましょうよ。毎日ですよ。しかも、日に2、3回でっせ！　そのためにも、服や髪型が変わったらすぐ気づけるように、日頃から奥さんをちゃんと見といてくださいね。

ちなみに今日の奥さん、どんな服、着てました？

ひとり時間も大切

なんて言ってるぼくも、瑤子さんと四六時中一緒やったら、ちと疲れるかもしれません。やっぱり人間、ひとりの時間も必要ですからね。

幸い、うちは、瑤子さんがカンツォーネ（イタリアの流行歌）の勉強のために毎年2カ月以上、イタリアのナポリに行ってしまうような人なんで、ぼく、ひとりでにひとりになってしまうんですけどね（笑）。イタリア留学は、もう20年以上続いている習慣ですから、ぼくもすっかり慣れました。とはいえ、2カ月はさすがに長いですけどねえ。

あ、瑤子さん、カンツォーネ歌手としてイタリアで表彰された初のアジア人なんですよ。コロナ禍以降は渡航を自粛していましたが、「友だちも待ってるから、近いうちに行きたい」と言ってます。さすが、司令官。ぼくより若いとはいえ、88歳でっせ。チャレンジ精神が衰えないのは、我が奥さんながらあっぱれやと思います。

ぼくも仕事やつきあいで外に出ることが多いし、夫婦でずっと続けているジム通いもふたりのペースは違います。ぼくは週に2回だけど、がんばり屋の瑤子さんは週4回。ただね、たまに、「あれ？　今日のトレーニングは、腹筋ばっかりやなあ」と不思議に思ってたら、瑤子さんがジムに電話してるときがあるんですよ。「今、大村がそちらに行きました。ちょっと最近、おなかが出てきてるみたいなんです。すみませんけど、今日は、おなかを集中的に攻めてもらえます？」なんてこっそり指令を出してるの！　あれだけは勘弁してほしいなあ。（笑）

ここのレストランも一緒に行くときもあれば、別々のときもあります。ひとりのときは、ぼく、カウンター席に座るんです。そしたら、必ず誰かが「隣、いいですか」と声をかけてくれる。もちろん、「どうぞ、どうぞ」と喜んでご一緒します。そういう思いがけない会話もまた面白いんですよねえ。

夫婦は、ふたりでいても、ひとりでいても楽なのが一番だと思います。

第2章

86歳で筋トレに出会った！

目も耳も悪い虚弱児だった

2024年5月、ぼくが出演した映画『お終活 再春!人生ラプソディ』の特別試写会で得意のスクワットを披露したんです。すると一緒に登壇していた俳優の橋爪功《はしづめいさお》さんが、信じられないという顔で「怪物だよ」とポツリ。それがなんともいえず絶妙な呟き方でね（笑）。会場は大きな笑いに包まれ、ネットニュースにもなりました。うれしかったですねえ。まさかこの年になって、「怪物」と呼ばれるほど元気でいられるなんて想像もしていませんでしたから。

ぼく、ずっと体が弱かったんです。人生のほとんどの時間、病気や不調に悩まされてきたと言っても大げさじゃありません。1938（昭和13）年、大開《だいかい》尋常小学校（現・神戸市立兵庫大開小学校）に入学したときは、虚弱児童ということで養護学級へ。しょっちゅう風邪は引くし、熱は出すし、お腹は壊すし、とにかく病気ばっかりしてたんですよ。

すでに戦争の足音が近づいていましたから、小学校低学年といえども軍事教練がありました。真冬の早朝、校庭に全校生徒が集められ、上半身裸で乾布摩擦をさせられるんです。当時は、今と違ってめちゃめちゃ寒かったですからね。子ども同士、体を寄せ合ってブルブル震えていると、「貴様ら、たるんどる！」と兵隊上がりの怖い先生がものすごい顔で怒鳴るんです。もう、怖いのなんのって……おっと、すみません。自分が経験したみたいに言ってますけど、養護学級の生徒は免除されていたんで実際には見てただけです。それも、ストーブの焚かれた暖かい教室で真綿の襟巻を巻いたまま、「みんな、かわいそうやなあ。申し訳ないなあ。でも、助かったなあ」なんて思いながら高みの見物をさせてもらってました。そんなふうに「虚弱児生活」を満喫、いや、辛抱していたんです。

体が弱かっただけじゃなくて、生まれつきの弱視でもありました。小学校2年生からずっとメガネ人生です。そうそう、メガネといえば、「おいしいとメガネが落ちるんですよ」というオロナミンCのテレビコマーシャル、覚えてはります? あれは、昭和40年やったかな。あっという間に日本中に広がり、大人も子どももこぞってぼくの真似をしてくれました。あのときの印象も手伝ってるんでしょうね。大村崑のトレードマークといえば、今に至るまでずっとメガネ。ぼく自身にとっても、メガネは弱視のぼくを支え続けてくれた大事な相棒です。

ちょっと話が脱線しますが、あの「おいしいとメガネが落ちるんですよ」というコピーは、ひょんなことから生まれたんですよ。CM監督が厳しい人でね。嫌になるほど何回も撮り直すんです。ぼく、1回の撮影でオロナミンCを100本近く飲んでました。お腹は毎回、チャポチャポでっせ。体弱いのに、人使いが荒いっちゅうねん。(笑)

その監督が、「崑ちゃん。メガネをズリ落としてみて」と言うから、「うれしくないのでメガネ落ちません」と正直に答えたんです。そしたら、スタッフ全員、大爆笑! 監督も身を乗り出し、「崑ちゃん、そのアイデアもらった!」。ぼくのひと言から、あの人気コピーが誕生したんです。ちなみに、もう一つの有名な宣伝コピー「オロナミンCは小さな巨人です」は、ぼくが現場で思いついたアドリブです。えへへ。こう見えて、なかなかやるでしょ（笑）。おっと、いつの間にか自慢話になってしまいましたね。失礼、失礼。話を元に戻しましょう。

運悪く、小学生の頃に難聴にもなりました。父の死後、ぼくを引き取ってくれた伯母に殴られたのが原因です。いつもは平手打ちなのに、その日に限ってグーの拳骨が左耳にズコーン！　あまりの衝撃に、まず頭がクラッとして、その後、耳が猛烈に痛くなり、その場に倒れ込んでしまいました。そんなぼくを見て、さすがの伯母も「これはあかん」と思ったんでしょう。すぐに病院に連れていってくれましたが、医者がひと言、「鼓膜の損傷がひどいので元には戻りません」。それ以来、左耳はよく聞こえないんです。

芸能界デビュー後は、共演者の声を聞き取ろうと必死でした。舞台でも映画でも前後の台詞がわからないと、芝居にならへんでしょ。監督や共演者に迷惑かけたらあかん、お客さんに気づかれたらあかんと思って右耳に全神経を集中させてました。普段の会話も、ふとしたときに左から話しかけられると気づけないんですよ。友だちならまだしも、目上の人の話を聞き逃したら、「なんや、無視か。こいつ、失礼やな」とムッとされるじゃないですか。なんとなく機嫌の悪い人がいると、「またぼくが聞き逃したんやろか？　それで怒ってはるんやろか」と心配ばかりしてました。

「40歳までしか生きられない」

さすがの虚弱児も成長とともに少しずつ丈夫になり、高校卒業後は、神戸のキャバレー「新世紀」でボーイとして働きはじめます。血気盛んな年ごろですから、けんかしたり、ときには女の子をナンパしたり……寝る間も惜しんで友だちと街に繰り出しては遊んでました。そんなある日のこと。いつものようにビリヤードをしていたら、咳と一緒に血の塊が出たんです。「なんや、これ？」と驚いてると大量に喀血《かっけつ》。肺結核でした。１９５０（昭和25）年、19歳のときです。

義母（ぼくをグーで殴って難聴にした、あのこわい伯母です）に連れられて病院へ行くと、軍医上がりのいかつい医師が「何が肺病や。戦場ではみんな手当てもしてもらえず、『お母ちゃーん！』って叫びながら死んでいったんや。薬も何もないのに助けられるか！　帰れ、帰れ」とえらい剣幕で説教し、挙句の果てに追い払おうとするんです。そこをなんとかとすがりつく義母を足蹴にしながら、「何すんねん。離せ、離せ。次の人、どうぞ！」。まるで、『金色夜叉《こんじきやしゃ》』、貫一・お宮の愁嘆場ですよ（笑）。終戦からわずか5年。確かに物資の乏しい時代ではあったんです。

しかし、そこは義母。「はい、そうですか」と引き下がるほど、やわな女じゃありません。頼んでも無駄だとわかると、さっさと病院を後にして、一体どうやって調べたのか医師の自宅を夜中に突撃訪問。お金を渡して手術してくれる病院を紹介させたんですから大したものです。医師も義母の迫力に恐れをなしたんでしょう。グーで殴られなかっただけ、ラッキーやったかもしれません。（笑）

おかげで肺結核専門病院に入院することができ、右肺の切除手術を受けました。

3カ月後、晴れて退院の日を迎え、意気揚々と挨拶に行くと主治医が神妙な顔で言うんです。

「おまえ、40歳で死ぬる」

え？　ポカンとするぼくをじっと見つめて「まあ、よう聞け。人は、肺がふたつあって初めて平均寿命の60歳まで生きられるんや。ひとつしかなければ、マイナス20歳。60から20引いて40。な、おまえは40歳までしか生きられへん」

その計算、合ってんのかなと思いながらも、突然の余命宣告にしょんぼり。さらに主治医の話は続きます。

「結婚もするな。子どもも作ったらあかん。おまえが30歳手前で結婚したとするやろ。子どもが10歳のときに死ぬことになるんやで。そんな年で父親に死なれてみ？　子どもがかわいそうや。嫁さんはどうやって生きていくねん」

ぼくのために言ってくれてるのはわかりました。その証拠に「キャバレーなんかで働いてんと、ここで真面目に働け」と丹波の役場宛てに紹介状まで書いて渡してくれたんですから。当時、肺結核はそれほど深刻な病だったんです。

病院を出て、冷たい風に当たりながら神戸の街をふらふらと歩きました。耳の奥に何度も主治医の言葉が響きます。「そうかあ。おれ、40までしか生きられへんのかあ。残りの人生20年か」。

主治医にもらった役場への紹介状を見つめながら、「役場で働くんかなあ？死ぬまでずっと？」「無理無理。そんなん、できへん」「じゃあ、どうすんねん？」「20年しか生きられへんのなら、好きなことをしたい」「好きなことってなんや？」。自問自答を繰り返すうちに、心の奥底に眠っていた本当の気持ちがすこしずつ浮き上がってきました。「子どものころから憧れていた喜劇役者になりたい」「ほんまか？」「ほんまや。ほんで、舞台で大暴れしてやるんや！」「そうやな」「そうや、それしかない」。いつの間にか、迷いは吹っ切れていました。

不思議なもんですね。余命宣告されたことで、ぼくは、人生の目標をつかむことができたんです。

58歳で大腸がんに

1959（昭和34）年、ドラマ『頓馬天狗《とんまてんぐ》』で主役を務めると人気に火がつき、レギュラー番組11本を抱える超売れっ子になりました。

はたからは順風満帆に見えたでしょうが、片肺飛行のぼくは、連日の睡眠不足で疲労困憊。横山《よこやま》エンタツ師匠が楽屋で横になっているぼくを見て「おい、死ぬるぞ、こいつ。この顔色、見てみい。病院、連れていけ」と心配してくださったぐらいですから、よっぽどだったんでしょう。それでも、がんばって仕事をこなすうちに、体力のなさをカバーするコツを少しずつ身につけていったように思います。主治医の言いつけを破って29歳で恋に落ちた瑤子さんと結婚、ふたりの子どもも生まれました。

家族ができたら、いよいよ死ぬわけにはいきません。ビクビクして過ごした40歳の1年間が過ぎ、41歳の誕生日を迎えたときは心底ほっとしましたねえ。50の坂を越え、60の坂が見えてくると、「よし、いける！　60歳まで生きられへんと言われたけど、越えられそうや。こうなったら、長生きするぞ！」と心の中でひそかに勝利宣言（笑）。ところが、これが糠《ぬか》喜びだったんです。人間、調子に乗ったらあきませんなあ。58歳のときに大腸がんが見つかってしまいました。

発見のきっかけは、舞台の共演で仲良くなった八代亜紀《やしろあき》さんの主治医に「便に細い糸のような血が混じる」と相談したことです。すぐに病院を紹介してくださり、精密検査を受けたら、大腸に四つのがんが見つかりました。

やっぱり、60の坂は越えられへんのか……。

意気消沈するぼくに担当の先生は、「心配しなくて大丈夫。内視鏡でとりましょう」と。内視鏡手術は当時、最新の方法でした。しかも、レーガン大統領の大腸がんを執刀した先生が担当してくれるというんです。これは、もう、先生方を信じてお任せするしかないと腹をくくり、手術の日を迎えました。

だれかがパチン、パチンと頬《ほ》っぺたを叩いています。痛いなあ、もう、誰やねん？　目を開けたら、瑤子さんじゃありませんか。

「終わりましたよ。お疲れさまでした」朝イチで始まった手術はもう終わっていました。「ありがとう。来てくれたんやね」。瑤子さんには、短時間で済むから来なくていいと言ってあったんです。それなのに心配して駆け付けてくれたんや。うれしいなあ。無事に終わったのか。ああ、よかった。もう、なんの心配もない。ふーっと心の底から安堵《あんど》のため息が漏れました。そのときです。

「麻酔が覚める前にね」と瑤子さん。

「うん？　何？」

「知らない人の名前を呼んでましたよ」

「…………」

「あれ、誰なの？」

瑤子さん、じーっとぼくを見つめています。

「し、知らんがな。そんなん」

しらじらしく大あくびして寝たふりですよ。手術直後の病人をびっくりさせたらあきません。大腸やなくて心臓が止まるところでした。（笑）

その後すぐに退院し、お昼には、コメンテーターとしてレギュラー出演している生放送の『午後は○○おもいッきりテレビ』で、「さっき手術を終えたところです」と報告したら、共演者の方々がびっくりしてましたね。放送後、視聴者の皆さんの反響も大きかったと聞いてます。

手術後は、毎年1回検査を受け、10年後には無罪放免に。がんは、早期発見が何より大事です。このとき以来、ちょっとでも調子が悪いとすぐに病院に行くようになりました。

歩くのもしんどくて

それからは、おかげさまで大きな病気をすることなく60の坂を越え、70歳、80歳と順調に年を重ねることができました。ところが、病気してないからといって元気ハツラツとは限らないんですね。これが、加齢のやっかいなところです。「老い」というヤツが知らん間に悪さをするんですよ。あなたも油断してたら、えらいことになりまっせ。ぼくも気づいたときには、よたよた歩きの「ザ・おじいさん」になってましたから。

まず、体形が情けない。パンパンに膨らんだ腹回りは、1メートル近く。そこから、ほそーい腕と足がにょっきり出て、裸になったら、どこぞの昆虫みたいです。突っ張らかった腹だけはシワひとつないけど腕と足の皮膚はシワシワ。お尻もたるみきってダラ～リ。

姿勢もひどかったですね。膝は曲がり、腰も曲がって、背中は丸まり、肩と首が前に出て、どこから見ても「よ！　待ってました！　年寄り代表！」と掛け声が飛んでくるような姿かたちです。とにかく足腰が弱ってますから、椅子から立ち上がるのもひと苦労。やっとこさ立ち上がったかと思うと、今度は、足がちゃんと上がらず、床をするようにそろ～りそろ～り。歩幅はわずか10センチ。必死にがんばってるつもりでも、ちっとも前に進まないんです。

しかも、片肺だからすぐ息切れするんですよ。道の途中でひと息入れないと苦しくて歩けません。うちの家族ときたら、こんなとき冷たくてねえ。「今日はみんなで飯でも食いに行こう」と外に出るでしょ。瑤子さんも息子たちも、ぼくを置いてスタコラサッサ。信号をさっさと渡って、その次の信号も渡って……。

あ、待って、行かないで。金、払うのぼくやで。

時計の針が逆回り

瑤子さんも見かねたんでしょうね。ある日、「一緒にライザップ、行かへん？」と。ぼく、ライザップはテレビコマーシャルでちょっとだけ知ってました。トレーナーがマンツーマンで運動のやり方を教えてくれるやつでっしゃろ？

年をとったとはいえ、喜劇役者の端くれです。これまで一度たりとも、誰かに手取り足取り教えてもらったことなんてありません。尊敬する先輩方の芸を見て、盗んで、自分のものにする。それが喜劇人の流儀です。いっぺん見せてもらえば、コツを瞬時につかんで、パッと真似して、より面白く仕上げて舞台で披露する。覚えのよさと勘のよさは、誰にも負けません。それがぼくの矜持《きょうじ》であり、自負なんです。それをなんですと？　86歳にもなって、見ず知らずのトレーナーに一から十まで運動の仕方を教えてもらう？　そんなアホなことができますか。たとえ、岡村睦治《おかむらむつじ》（本名です）が許しても、喜劇役者・大村崑が許しまへんで。

「嫌です。行きません」

きっぱり言ってやりましたよ。瑤子さんは、ぼくを置いて信号をさっさと渡るような人ですから、「そう？　だったら私だけ行きます」とあっさり言うと思ってました。ところが、「楽しいと思うよ。体も引き締まるし」。あれ？　珍しく食い下がるじゃありませんか。しかも、ジーッとぼくの目を見つめてます。

「え？　そう？」「そうよ」「そうかな？」「そうです」

司令官がそこまで言うなら、行くだけ行こか。そして向こうで断固、入会を拒否すればええんや。

ところが、いざ、ライザップに行ってみると受付の女性がにこやかで感じがいいんですよ。しかも、トークが抜群にうまいときた。「筋肉は死ぬまで鍛えられます。崑さんもじきに引き締まったカッコいい体つきになれるし、体力がついて疲れにくくなりますよ、それに速く歩けるようになります」。

え？　速く歩けるようになる？

家族にいつも置いてきぼりにされて、歯がゆい思いにむせび泣いているぼくが、速く歩けるようになる⁉　瑤子さんや息子たちと肩を並べて歩けるようになる！

「入会します」

それからです。火曜と金曜の週2回、バスと地下鉄を乗り継いで、一回1時間程度のトレーニングに通うようになりました。最初のうちは、そりゃもう悲惨でしたよ。何ひとつ満足にできないんですから。しかも、ろくに動いてないのに、トレーニングを終えたら疲労困憊。精も根も尽き果てて息も絶え絶え。地下鉄の階段が上れなくて、手すりにしがみつき筋肉痛をじっとこらえてたら、若い兄ちゃんが一段飛ばしで駆け上がりながら振り返りざまに「この年寄り、何してんの?」ってな顔で見るんですよ。悔しいーーー!

でもね、体は痛くても気分は爽やかなんです。それも、何十年も味わったことがないぐらいの爽快感。これには驚きました。そして、この気持ちよさに次第にはまっていったんですね。

86歳の春、時計の針が逆に回りはじめました。ぼくは、どんどんと若返っていったんです。

ぼくはスーパーマン？

筋トレの効果は、思ったより早く表れました。

バランスボールにもたれても数回が限度だったスクワットは、間もなく15回に。太ももと床が平行になるまで腰を沈めながら15回、3セットをこなせるようになりました。次は、さらに負荷をかけるためにバーベルを肩に担《かつ》いでスクワットです。10キロのバーベルからはじめて翌年には30キロ、3年半後には40キロに。93歳の今も、30キロ台のバーベルを担いで10回×3セットをこなしています。

筋トレをはじめて、今年で7年。よく「なぜ、そんなに続くんですか」と尋ねられますが、答えはいたってシンプル。文句なしに楽しいからです。

スクワットも腕立て伏せも上達が数字にはっきりと表れます。それに体もどんどん変わっていくんですよ。ぼくの場合、筋トレをはじめて3年半後には、体脂肪率が25・9％から17・1％に、筋肉量は42・4キロから45・2キロになりました。背筋はピーンと伸び、肩は後ろに引けていて、正しい位置から首がスッとまっすぐ。膝も伸び、足腰に痛みはまったくなし。あんなに出ていた腹はすっきりと、片肺だけへこんでいた胸にもしっかりと筋肉がつき、60年以上つきあってきた息切れとも無縁になりました。

ヨボヨボの「ザ・おじいさん」が、「びっくりするほど若々しい人」に変身できるなんて、こんなに楽しいことがありますか。会う人ごとに褒められて、いつだって気分は上々です。

とはいえ、バーベルを担いでスクワットを繰り返すのは、毎回、限界への挑戦です。辛抱たまらんようになってくると、自分の中のもうひとりの自分が顔を出して「やめとけ。やめとけ」と言うんですわ。トレーニングの最中だけじゃありませんよ。ちょっと天気の悪い朝なんかにも、そいつが顔を出して「今日はジム、行かんでええんちゃう？　雨やから、すべるで。やめとき、やめとき」って。悪いヤツでっしゃろ？　せっかく老骨にムチ打ってがんばろうとしてるのに、楽なほうへ、楽なほうへ導こうとそそのかしよるんです。

こいつの名前、知ってますか。「三日坊主」です。あなたのところにも、ちょくちょく出てくるんちゃいます？　こいつに負けたら、何ごとも続きません。筋トレに限らず、三日坊主が出てきたら、しっかりとつかまえて説教し、納得させて、一緒に連れていくのが肝心です。この坊主はしぶといから、完全に姿を消すことはないんですよ。だから、上手につきあいながら抑え込まんとあかんのです。それが継続のコツと言えるかもしれませんね。

今から7年前、重い腰を上げて筋トレをはじめてほんまによかったと思ってます。あきらめずに誘ってくれた瑤子さんにも、セールストークのうまい受付の女性にも、思いきって挑戦しようと決めたぼく自身にも感謝状をあげたいですね。

あ、もうひとり、忘れてはいけない恩人がいました。ぼくがスーパーマンと呼んで慕っている60歳年下のトレーナー岩越亘祐《いわごえこうすけ》さんです。

スーパーマンは、とにかく褒め上手なんですよ。「崑さんはすごいなあ。ぼくがやってみせると、すぐにできるようになるんですね。こんな方、他にいませんよ」。初日からこう言ってくれたんです。ぼくは、得意満面。「そうですか。人の芸を見て学ぶのが商売やからね。手取り足取り教えてくれんでも、スーパーマンがやってみせてくれたらそれでいけますよ」なんて、気がついたらやる気になっている。（笑）

それだけじゃありません。スクワットの後半、「もう、無理や。できへん」と音を上げそうになったタイミングで、「崑さん、大丈夫です！　できます！」。その声に励まされ、なんとかがんばってやり終えると「崑さん、すごいです。やりましたね！」「崑さんのスクワットは美しいです」。その声の清々《すがすが》しくて優しいことといったら。いつも心から褒めてくれるから、もっとがんばろうと思えるんですよね。

ライザップを卒業する日、彼が渡してくれたメッセージカードには大きな体に似合わない小さい几帳面な文字で「崑さん、長いことお世話になりました。初めて会ったとき、崑さんは、私をスーパーマンと言ってくれましたね。うれしかったです。でも、ほんとのスーパーマンは崑さんです」と書いてありました。いやあ、泣きましたよ。どこまで褒めるのがうまいねん。ぼくが今も元気でいられるのは、彼の指導のおかげ。スーパーマンにふさわしい「S」マークのついた特大の感謝状を贈りたいですね。

食べることも筋トレに

昔、NHKのラジオ番組に医師で作家の鎌田實《かまたみのる》先生とご一緒したことがあります。本番前の音声テストで、司会の村上信夫《むらかみのぶお》アナウンサーは「本日は晴天なり」、ぼくは、「元気ハツラツ！　オロナミンC」と発声しました。次は鎌田先生の番です。さて、先生、なんておっしゃったと思います？

「みなさん、うんこは浮いてますか」

一同、びっくり仰天。大爆笑です。「先生、なんちゅうこと言わはるんですか。うんこが沈んだら、どうなるんです？」。そこにいる全員を代表して尋ねました。

そしたら先生、いたって真面目な顔で「沈んだらまずいんです」。「水洗トイレの水に浮くうんこが野菜をちゃんと食べてる、いいうんこなんです」と。

どうやら、うんこの約80パーセントは水分で、残りの20～30パーセントが食物繊維や空気、ガスらしいんです。食物繊維を十分に摂取していると、繊維のすき間に腸内ガスが入り込んで浮力が生じるんだとか。浮くうんこは腸内環境がいい証拠なんですって。

いやあ、ええこと聞きました。それまでうんこが浮いてるか、沈んでるかなんて気にしたこともなかったですから。収録の翌日、自宅のトイレで指さし確認。さっそく鎌田先生に電話して、「先生、ぼくのうんこ浮いてますよー」と報告させていただきました。（笑）

筋トレをはじめてから、先生のおっしゃった意味がよくわかりましたね。いいうんこは、食生活のバロメーターです。

毎日、いろんな食材をバランスよく摂るようにしていますが、一年365日欠かさず食べているのは、ブロッコリーです。実はぼく、長い間、「こんなん、パセリと一緒で飾りもんや。食べるもんやない」と思ってたんですよ。若いころ、中華料理店でバイトしてたとき、さっと洗って何度も使い回しをしてたんで、いい印象がなかったんですね。ところが、実際は栄養の宝庫やないですか！

ビタミンCが特に豊富やし、ビタミンE、葉酸、カリウム、β-カロテン、クロム、食物繊維なども野菜の中でトップクラス。さらにすごいのが、１００グラム当たり、５・４グラムものたんぱく質を含んでいることです。これは、ニンジンやキャベツ、タマネギなどの４～５倍もの量なんですよ。その上、糖質はニンジンの半分以下、じゃがいもの10分の１以下と、低カロリーで高たんぱく！　体重を増やさず、筋肉を増やしたい人にとって、究極の理想的な野菜と言ってもいいんです。

しかも、よく噛まないと飲み込めないでしょう。それがまた、いいんですよね。ぼくは、必ず60回は噛むようにしています。何もジムに行ってマシンを使うだけがトレーニングじゃありません。「よく噛む」ことは、舌、唇、喉など嚥下《えんげ》に関わるすべての筋肉を動かす運動。立派な筋トレなんです。このへんの筋肉を鍛えてないと誤嚥性肺炎になってしまいますから。

誤嚥性肺炎は、嚙む力や飲み込む力が弱ったために食べ物カスや唾液が、食道やなくて気道のほうに入って起こる肺炎です。高齢者は、これが命取りになりかねない。コロナが流行《はや》ったときも、誤嚥性肺炎で症状が悪化し、多くの人が亡くなりました。

たとえば、薬を飲もうとして咳きこんだ拍子に錠剤が口から飛び出した……なんて経験、ありませんか。もしあったら要注意！　嚥下力が低下しはじめてまっせ。ぼくも、昔はよくそうなってたんです。

まず、水気の多いもので口の中を潤して、それから食べ物を口に入れる。しっかり嚙んで、ゆっくり飲み込む。早食いは絶対にあきません。ゆっくり嚙んで食べれば、誤嚥を防ぐことができるだけでなく、唾液が多く出て消化が進み、胃の負担も減るし、お通じもよくなる。ええこと尽くしなんです。

ぼくは、どんな食材も30回は嚙んでます。そのせいか、朝、メインのごはんのあと、ヨーグルトとフルーツを食べて薬を飲んだら、すぐにトイレへ。

「鎌田先生、今日も浮いてますよ！」

よく眠れるという幸せ

今は、シニアレジデンスの前の信号を渡ったところにあるジムに通ってます。筋トレの効果はたくさんありますが、ぼくが最初に実感したのは、「とにかくよく眠れるようになった」ということ。年寄りは、寝つきが悪く、眠りが浅いと言いますが、ご多分に漏れず、ぼくもそのひとりでした。早めに床についても、なかなか寝られへんのです。ようやく寝ついたと思ったら、トイレで目が覚めるしねえ。それも一度やない。最低でも3回はトイレに起きてました。ベッドとトイレの往復で忙しくて、寝てる暇がないぐらいです。そんな人、案外、多いんちゃいますか？

それが、筋トレをはじめたらスカーンと眠れるようになったんです。ジムで筋トレした日はクタクタに疲れてるからバタンキュー。それ以外の日も、心地よい疲労が続いているのか、いつの間にか夢の中です。さらに驚いたのは、トイレに起きなくなったこと。起きても1回。まったく起きないこともあって「よう寝たなあ。気分すっきりや。あ！　そういえば、1回もトイレに起きてへんわ」と気づいたりして。

「なんでかな？」と不思議に思ってましたが、どうやらちゃんと理由があるみたいです。太ももの内側にある大きな筋肉を鍛えると下半身の血行がよくなって、余分な水分が溜まりにくくなり、夜トイレに起きる回数を減らしてくれるんですって。筋トレには夜間頻尿を治す効果もあるんですね。すごいと思いませんか。体中、いたるところのコンディションを整えてくれるんですから。

いつだったか、仕事でホテルに泊まったことがありました。よっぽど疲れてたんでしょうね。なんと10時間ぶっつづけで眠ってしまったんです。ぼく、90代のおじいさんでっせ。まるで10代や20代の若者みたいやな、と自分でもあきれたぐ

らいです。（笑）

そうそう。睡眠で思い出しましたが、あなたはいびきで悩んでませんか。奥さんやお子さんに「うるさい！」と叱られたり、自分の「グガッ」という高いびきで目が覚めたりしてません？　ぼくは、20年ほど前に重症の睡眠時無呼吸症候群と診断されてからずっと治療のためにシーパップ（CPAP）と呼ばれるマスクを鼻に装着して寝てます。旅先でも使えるように小型のシーパップも持ち歩いてますよ。

筋トレをはじめてからは、体重も減り、ひどいいびきもなくなりましたけど、もう長年の習慣でつけてないと逆に気持ちが悪い。睡眠時無呼吸症候群は、心筋梗塞や脳卒中につながる怖い病気です。たかがいびきと侮ったら、あきません。「最近、いびきがひどいな」と思ったら、一日も早く病院に行って診てもらってください。頼みまっせ。

睡眠は、ほんまに大事。長生きと活力の源です。

歯と喉は大事！

「８０２０（ハチマルニイマル）運動」をご存じですか。「80歳になっても20本以上、自分の歯を保とう！」と厚生労働省と日本歯科医師会が呼びかけているものです。人間は、親知らずを除く28本の歯のうち20本以上自分の歯があれば、ほとんどのものをおいしく食べられるんですって。逆に言うと、それより少なかったら、いろいろ不便ってことですな。

ぼく、その「８０２０運動」の講演会にちょくちょく呼ばれるんですよ。というのも、93歳の今も上下全部、自分の歯なんです。入れ歯もなければ、ブリッジもなし。もちろん歯周病もなし。８０２０界の超エリートなんです。

講演会では、客席に降りていって自慢の歯をお見せするようにしてます。お客さんもぼくに向かって「あーん」と口を大きく開けてくれるから、「あら、奥さん！　歯にお金かけてますな」。こう言うと会場は大盛り上がり。「いくらかけてますの」「１００万円！」「そりゃ、すごい！　金持ちやなあ」なんて、みんなで

大笑いしてね。（笑）
そこから「どんな歯ブラシ、使ってます？」と話を広げていくんです。案外、皆さん、長いこと使ってるんですよ。ぼくの友だちには、1年以上使うと豪語してるヤツもいますが、そんなに長く使ったらあきませんよ。毛先が外側に広がってると汚れがとれへんし、歯ぐきを傷つけますから、ひと月に2回は交換してください。ぼくは、だいたい半月に1回の割合で換えるようにしています。

もちろん、こまめに磨くのも大切です。ぼくは、最低でも、食後以外に朝起きたときと夜寝る前の合計5回。人に会ったり、取材を受けたりする前にもエチケットとして磨きますから、日に6、7回はざらです。それも、適当にシャカシャカするんじゃなくて、「いつも、ありがとうね。これからも頼みますよ」と心の中で語りかけながら丁寧に磨いてます。ほんまですよ。歯がなくなったら困るでしょ。日頃から、感謝の気持ちを伝えとくんです。そしたら、歯も言うことを聞いてがんばってくれる気がします。8020ならぬ、9320のぼくが言うんですから、間違いありません。（笑）

歯磨きついでに喉を鍛えるトレーニングもしてます。といっても大きな声で一曲歌うだけですけどね。歌は、舌や唇、喉の筋トレになるんですよ。嚥下力の低下も防げるし、声の若々しさもキープできるし、なんなら頰のたるみにも効きますから万能でっせ。オススメは、演歌やポップスじゃなくて、ずばり童謡です。童謡はいいですよー。子どものころを思い出させてくれますもん。心が故郷に帰り、童心に返りますから。だまされたと思って、「朧月夜《おぼろづきよ》」を歌ってみてください。

菜の花畠に　入日薄れ
見わたす山の端　霞ふかし
春風そよふく　空を見れば
夕月かかりて　におい淡し
里わの火影も　森の色も

田中の小路を　たどる人も
蛙のなくねも　かねの音も
さながら霞める　朧月夜

ああ、ええ歌や。涙、出てくる。ぼく、この歌を歌うと、向かいに住んでた村上のおばちゃんを思い出すんです。村上のおばちゃんは、同級生のおかあさん。ぼくのおやじとおふくろは商売で忙しかったから、しょっちゅう預けられてたんです。このおばちゃんが、ガミガミ厳しい人で。食事のときは、「正座しなさい！」。ごはんつぶ一粒でも落としたら「はよ、拾いなさい！　猫が来る前に拾って！」。すばしっこい猫と競争せなあかんから、必死でしたよ（笑）。でも、今はただただ懐かしい。おばちゃんの怒った顔、友だちの笑い声、みんなと駆けっこした路地、屋根の向こうに見えた月……。もう、二度と会われへんし、見られへん。でも、童謡の中では会えるんですよ。美しい日本の原風景が、ぼくを優しく包んでくれるんです。

歌詞を覚えてなかったら、紙に書いて鏡に貼っておくといいですね。歯を磨くたびに口を大きく開けて、大きな声で歌ってみてください。続けているうちに、声が嗄《か》れなくなりますから。ぼく、いろんな人に「崑さん、ちっとも声が変わりませんねえ」と驚かれるんですけど、間違いなく童謡の効果やと思ってます。

おっと、懐かしいといえば、ぼくの歯に大きな影響を与えてくれたスターを忘れたらあきません。大川橋蔵《おおかわはしぞう》さんです。ぼく、テレビドラマ『銭形平次』にゲスト出演したことがあるんですよ。そのとき、平次親分役の橋蔵さんの歯があまりにきれいだったので、「親分、きれいな歯をしてますねえ」と褒めたら、「崑ちゃん、スターは歯がきれいじゃないとだめだよ。君も歯石《しせき》をとりなさい」って。今から40年以上も前です。みんな虫歯になって初めて歯医者に行くような時代でした。ぼくも「歯石って何?」ってな感じでしたが、橋蔵さんがおっしゃるならと2カ月に一度、歯のクリーニングに通うようになったんです。今思うと、あれは、ほんまにありがたいアドバイスでした。毎日の歯磨きだけやったら、全部の歯は守れなかったでしょう。

橋蔵さん、ありがとうございます。今も、2カ月に一度、歯のクリーニングに通ってますよ！

筋肉がくれたもの

86歳からはじめた筋トレのおかげで姿勢がよくなり、かなりの速足でスタスタと歩けるようになりました。息切れもなくなり、夜はトイレに起きることなくぐっすり眠れています。

それだけじゃありません。冷え性も治ったし、ひどい肩こりもなくなりました。何年も悩まされていた耳鳴りや飛蚊症《ひぶんしょう》（視界に蚊や糸くずに見える薄い影が見える症状）も気づいたら消えていたんです。「耳鳴りや飛蚊症は筋トレと関係ないでしょう」って？　そうですよね。ぼくもそう思います。でも、これらの症状の原因のほとんどは加齢なんだとか。もしかしたら、ぼくの全身が筋トレで若返ったから、「あ、このおっさん、もう年寄りちゃうわ」と勘違いして、逃げていった

のかもしれません。（笑）

目下、定期健診の数値も「文句なしに健康！」のお墨付きをもらってます。悪玉コレステロールが１０１（基準値60〜１１９）、中性脂肪が85（基準値30〜１４９）など、すべて正常値の範囲。体の調子がよくて、どこにも痛いところがない。それだけで、ほんまに毎日が楽しくなります。

筋肉が与えてくれたのは、体の健康だけではありません。心の健康も与えてくれました。それまでは、ふとしたときに将来がたまらなく不安になってたんです。「このままやったら寝たきりになるんちゃうか」「瑤子さんに先立たれたら、どうしよう。ひとりで生きていけるんやろか」なんて、悪いことばっかりが頭に浮かんでね。そして最後は「ああ、年はとりたくないもんや」とユーウツなため息をつくのがお約束……。

それが、筋トレで体を鍛えたら、「イエーイ！　年をとっても好きなことができるぞ！」となったわけです。ほんまですよ。大げさに言えば、それぐらい気持ちが若返ったんです。自分に自信がつき、明日に希望をもてるようになりました。

今、ぼくの足腰には太い筋肉がついてます。7年前と違ってさっさと歩けるし、多少の階段なら上れます。もう、家族に置いてきぼりを食らって悔しい思いをすることもありません。瑤子さんと散歩するのも、ショッピングするのも、ごはんを食べに行くのも思いのまま。外に出ることが増えたせいか、空の色や木々の緑で季節の移ろいを感じるようにもなりました。街のさまざまな変化に敏感になり、好奇心が刺激されて心も脳も活性化したと思います。

それに、ほら、ぼくたち夫婦には、それぞれ腕立て伏せやスクワットの回数、バーベルの重さといった具体的な目標があるでしょ。その成果を喜ぶことに忙しくて不安になってる暇がないんです。毎日の会話も「今日のトレーニング、どうやった？」「このへんに効果が出てきたよ」「これを食べたらいいらしい」なんて筋トレと食事に関することばかり。おかげで話題に困ることはありません。瑤子さんはぼくより熱心やから、週4日のうち1日目は肩、2日目は背中、3日目は

腹筋、最後は脚と決めて集中的に取り組んでるみたいです。まるで現役のアスリートですな。（笑）

筋トレは、本格的に体形が崩れてくる手前、50代後半ぐらいからはじめるのが一番ええと思いますよ。とはいえ、何歳からはじめても手遅れなんてことはありません。60代、70代なんてぼくから言わせたら若者やし、可能性の塊。ぼくみたいに80代からだって、もちろんＯＫです。近くにジムがなくても筋トレの本はたくさん出てますから、自分に合う方法を探して無理せん程度に、まずはやってみてください。準備体操だけは、お忘れなく。

最新のスポーツ医学によると、筋トレをすると筋肉から分泌される物質マイオカインの量が増えるんですって。マイオカイン、これがすごいんですよ。脳細胞を活性化してアルツハイマー型認知症を予防してくれるんです。それだけじゃありません。大腸がんにかかりにくくなったり、肥満、高血圧、糖尿病、動脈硬化を抑えてくれたり、免疫力を高めてくれたり。どうやらメンタルにも効くらしく、気分が明るくなり、やる気も出るそうです。びっくりするほど心身への健康効果が盛りだくさんでしょう。どうです？　あなたも、トレーニングしたくなってきましたか？

筋肉は裏切りません。がんばった分だけ必ず応えてくれます。

以上、7年の筋トレで得たぼくの結論です。

メモで脳トレ

88歳のとき、自動車免許を返納しました。ぼくは、若いときから車が好きでね。休みの日には、家族を乗せてドライブや旅行に出かけたものです。ずっとハンドルを握ってきたので運転には自信がありました。でも高齢者の重大事故のニュースが増えてきたでしょう。何かあってからでは遅いと考え、瑤子さんとふたり「せーの！」で返納したんです。

その1年前から自家用車に頼らない暮らしをしてきたので返納しても特に不便は感じませんでした。むしろ、電車やバスなど公共交通機関に乗るのが楽しみで。地下鉄で「崑ちゃん！」と声をかけられるとうれしいし、若い人たちのファッションや行動を観察するのも新鮮で面白くてね。ただ、ひとつだけ予想外のことがありました。方向音痴になったんですよ！　タクシーに乗ると「運転手さん、こっちの道のほうが近道ですよ」と自信満々にナビしてたぼくが、「あれ、今、どこを走ってる？」という状態になったんです。引っ越ししたら、余計、わからなくなってしまいました。いやあ、どんな能力も使ってないと衰えるもんですな。しみじみ痛感しました。

この一件でますます脳の衰えに用心するようになったんです。年をとると、どうしても探し物や物忘れが増えるでしょ。「あれ、どこ行った？」「ここに置いたはずやのに！」とか、油断すると一日中、探し物をするはめになります。イライラするし、やりたいことには手がつけられへんしねえ。しかも、肝心のものは一向に見つからんへん！

そうなるのが嫌なんで、最近は、必要なものをすべて並べておくようにしてます。風呂に入るときも、バスタオルはここ、下着はここ、ひげ剃りはここというふうにちゃんと準備して、順番に手に取るだけでいいようにしておくんです。そして棚の必ず目に入る場所に「○時、取材」「風呂に入る」「ひげを剃る」「散髪に行く」とメモを貼っておく。一枚のメモ用紙にやるべきことをひとつずつ書いておいて、終わったらはがして捨てるんです。


あら？　あなた、今、「そこまでせんでもええやろ？　それぐらい覚えておけるわ」と鼻で笑いました？　チッチッチッ。まだまだ甘ちゃんですなあ。その過信が物忘れと探し物を招くんですよ。それぐらい覚えておける？　覚えておけません。忘れます！

ぼくなんか、風呂から出てパンツ一丁でちょっと腰かけてスマホにでも手を伸ばそうものなら、もう最後でっせ。意識が全部そっちに向いて、やるべきことを忘れてしまい、あっという間に時間が経ちますから。しばらくすると扉の向こうからお手伝いさんが「崑さん！　また、裸のままスマホ見てるでしょ！　風邪、引きますよ！」。あわてて飛び上がり直立不動で「い、いいえ、そんなことはしておりません！」なんて言いながら、くしゃみしたりしてね。（笑）

ぼく、昔から書き魔なんですよ。メモ以外に、いつも持ち歩いている手帳にもいろんなことを書き留めるようにしてます。たとえば、こんな感じです。「○月○日　体重57・7キロ。胸囲91センチ。腹回り80センチ。体温36・6度。血中酸素97。最高血圧１１６／最低血圧74」。そのほかに三食のメニュー、起床と就寝時間、一日の出来事なんかも毎日欠かさず書いてます。こうやって細かく記録しておくと、ちょっとした体調の変化に気づけていいんですよ。

専門家の話では、人は、何かを書こうとするとき、脳の海馬という部分から記憶を引っ張り出してきて、脳の前頭葉で統合して文章にしてるそうです。さらに日本語は、漢字とひらがな、カタカナの使い分けも考えないとあかんから、すごく頭を使うんだとか。手書きで文章を書くことは最高の脳トレなんですね。これからも、ますます張り切って書き魔を続けるつもりです。

すきま時間もトレーニング

ジムに行くのは週2回ですが、自宅でもちょっとした時間を使ってこまめにトレーニングしています。すぐできるものばかりなので、簡単にご紹介しましょう。

■新聞紙エクササイズ

〈やり方〉

テーブルに読み終わった新聞紙1枚を半分の大きさに畳んで置き、背筋を伸ばして正面に座る。片手で新聞紙の真ん中をつかんだら、5本の指を使って手繰《たぐ》り寄せ、ギユーッと力いっぱい握りしめてできるだけ

小さく丸める。握ったままさらに力を入れて10数える。反対の手でも同様に。

もう何十年もテレビを見ながらやってます。これだけで握力がつき、年齢とともに動きにくくなる手指の関節の可動域が広がるんです。お店で小銭を出すとき、指が思うように動かないなんて困りごとも防げますよ。欠点は、手のひらが真っ黒になること。近くにおしぼりやウェットティッシュを置いておくといいですね。

■足指ゴルフボール

〈やり方〉

椅子に座ってゴルフボールを足裏の前足部で踏み、コロコロと転がす。できれば、足指でギュッとボールをつかむ。できれば、そのまま落とさないように持ち上げる。

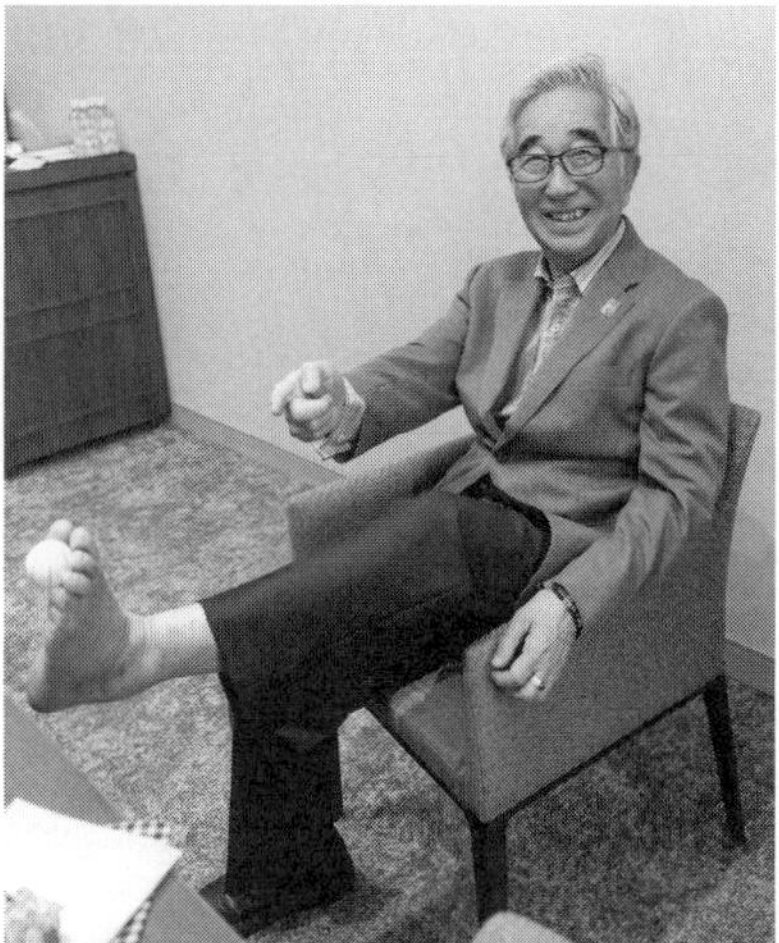

これも超簡単ですが、足の裏を柔らかくし、指の筋力を鍛える効果があります。トレーニング本によると、足指の筋肉が弱ったら地面をしっかりと踏みしめられず転倒の危険が増すんだとか。骨折でもしたらえらいことです。

ぼくは、テーブルの下にゴルフボールを置いておいて、時間があるとギュッと握って持ち上げてます。瑤子さんは、足の指で見事なグーチョキパーができるんですよ。足指の筋肉が発達して、よく動く証拠ですね。ぼくも負けてられません。

■肩甲骨引き寄せ

〈やり方〉

トレーニングチューブを両手で持ち、背筋を伸ばして立つ。肩がすくまないように両腕を真上に上げて（できる範囲でＯＫ）肘を伸ばす。チューブをできるだけ伸ばしながら腕を後ろへ思いきり引き、肩甲骨を

内側へ寄せていく。肩甲骨の間にシワができるまで寄せるのがポイント。

ぼくが使ってるゴム製のトレーニングチューブは1000円程度で買えるものなので、使いやすいものを探してみてください。かばんの中に入れておけば、思いついたときにサッと取り出して肩甲骨の運動ができていいですよ。続けているうちに猫背が解消されて、若々しい姿勢になります。

■正しい姿勢を取り戻す

〈やり方〉

壁に背中と頭をまっすぐ押し付けて立つ。5分程度、キープ。

はい、これだけです。簡単ですが、これも立派な筋トレですよ。姿勢の悪さを年のせいにしないで、一日に1回、壁を使って正しい姿勢で立ってみましょう。

背筋や首を伸ばし、肩の位置の左右のバランスが良くなるように立つのがコツ。体に覚えさせるつもりでやってみてください。

いかがですか。ほんまに、すぐできるものばかりでしょう。こんなシンプルな運動でも毎日やり続けたら、確実に体は変わっていきます。ぜひ、やってみてください。

ぼくはジムを「学校」と思って、真面目に通っているんです。子どものころみたいに学校に行って、先生に教えてもらいながらお勉強している感覚でね。学び足りないときは、マンション内のトレーニングルームで小一時間「復習」することもあるし、家に帰ると、すきま時間の「自習」に余念がありません。こんな生活をしてたら、将来を不安に思う暇がないのもわかるでしょう？（笑）

人間、いくつになっても勉強でっせ！　あなたも、まずは、すきま時間の「自習」からはじめてみてください。

番外編
夫婦対談

「明日もきっと良い日でありますように」

大村 崑
KON OOMURA

×

岡村瑤子
YOKO OKAMURA

通りすがりの女性に「崑さん、大丈夫？」

崑　筋トレをはじめてあっという間に4年以上（注・対談収録当時）が経ちました。瑤子さん、その節は、嫌がるぼくを無理やりジムに引っ張っていってくれてありがとう。（笑）

瑤子　まあ、大げさ（笑）。当時は一緒に外出するたび、あなたに合わせてゆっくり歩くのが嫌だったの。気になって振り返ったら、電柱にもたれて休憩してるし……。通りがかった女性に「大村崑さんですね。どうなさったんですか？」と心配されたこともあったでしょ。

崑　「どこかお悪いんですか？」と声をかけられたね。あれは、情けなかった。

瑤子　お腹も今とは別人みたいに出ていたしね。ふたりでデパートにジーンズを買いに行ったときのこと、覚えてる？

崑　覚えてますよ。なんとかしてはこうと試着室で四苦八苦したからね。しびれを切らしたあなたが扉を開けたら、店員さんが「奥様。ご主人は、ウエストが1メートルないと入りませんと申し訳なさそうに目を伏せてるやないの。それを聞いたあなたは、「そうですか。それならいりません。帰りましょう」。

瑤子　そうだった（笑）。今は、どれぐらいある？

崑　今日は、79センチかな。ごはんも食後のフルーツもたくさん食べたからね。

瑤子　それにしても、あんなに嫌がってたのに、ジムできれいな女性にカウンセリングしてもらった途端に「わかりました。入ります」って心変わり。（笑）

崑　ぼくが、きれいなお姉さんに弱いの知ってるでしょ。

瑤子　トレーナーさんとの相性がよかったよね。孫のような年齢だけど、今では、スーパーマンと呼んで慕っているぐらい。

崑　そう。ぼくみたいな高齢者は珍しいから、スーパーマンも気を遣ったと思うよ。でも、しっかり追い込んでくるからね。スクワットが5回できたら6回、6回できたら7回。そのときに担ぐバーベルも10キロからはじめて20キロ以降は5キロずつ増量。スーパーマンは、ぼくの顔色や体調をしっかり見ていて「今日は40キロに挑戦しましょう。瑤子さん、35キロを上げていますよ」「え？　瑤子さんが35キロ！　ほな、負けてられへん」となるわけ。あなたのがんばりもぼくの三日坊主をねじ伏せる材料になってるね。それにしても、瑤子さんは負けず嫌いが過ぎますよ。

瑤子　10年ほど前に別のジムに通っていたとき、「これぐらいのバーベルなら持ち上げられます」と言われて無理して挑戦したら、背骨がボキッと折れちゃってね。今は、その矯正のためにも背を伸ばす運動を中心にプログラムしてもらってます。週に4日通っているから、曜日ごとに背中、肩、腹筋、脚と集中的にトレーニングする場所を決めてウォーミングアップから入念に。もっとウエストを絞りたいの。年末にドレスを着たいから。

崑　そんな85歳、いますか？（笑）。普通は、孫に「おばあちゃん、気をつけて」と労《いたわ》られる年齢でしょ。

瑤子　孫がいないから、気持ちが若いのかしら。（笑）

崑　若いといえば、ぼくも先日、レストランで「大村崑や！　若いねえ！」という声が聞こえてきたよ。「髪もふさふさやで」「精巧なカツラちゃう？」やて（笑）。カツラちゃいますよ。不思議なことに筋トレをはじめてから黒い髪が生えてきた。

冷え性も治ったしね。

瑤子　そういえば、昔は夏でもシャツの下に厚手のチョッキみたいなのを着てたよね！

崑「おばあちゃん」ってあだ名のついた、真綿のチョッキね。シャツの下に着てないとゾワゾワして寒かったのよ。それも必要なくなりました。ジムだけでなく、自宅でもコツコツ、トレーニングしてきたのがよかったんだろうね。朝起きると、お風呂に入って体を温めてから洗面所でスクワットやったり、腿上げやったり、肩甲骨引き寄せしたりしてるでしょう。あと正座もね。正座も努めてするようにしてるから。

瑤子　できるだけゴロゴロしないようにしてるよね。

崑　そうそう。誰も見てへんからって楽な姿勢でばかり過ごしてると体中の筋力が衰えて、歩き出そうとした瞬間に絨毯《じゅうたん》につまずいてケガしたりするからね。介護が必要になる一番の原因は、自宅での「転倒」なんやって。ほんまに気をつけんとあかんのよ。うちの場合は、あなたという鬼の司令官が「ペタペタ歩くのやめて！」なんて厳しく言ってくれるから助かってます。今は、すり足で歩いてないからペタペタいわないでしょ。

瑤子　そうかな。自分で思ってるほど、さっさと歩けてるわけでもないよ。

崑　厳しい！（笑）。ほんまに満点、くれませんな。

瑤子　マイナス点も言っておかないと気を抜くでしょ。（笑）

テレビ局に来ていた瑤子さんに一目ぼれ

瑤子　でも、あなたは今が一番、元気なのは確か。筋トレを続けてよかったねえ。

崑　90歳になっても元気なんて、本人が一番驚いてるよ。19歳のとき、結核を患って右肺を取ってるからね。当時のことは、忘れもしません。病院の先生が、「君は、40歳までしか生きられへんぞ」。それだけでもショックやのに「結婚なんてしようと思うな。君は、子どもが10歳ぐらいになったら死ぬんだから」って。それ以来、自分は40歳で死ぬと信じて生きてきた。芸能界に入ったのも、長く生きられないなら好きなことをしようと考えたのがきっかけ。あなた、そんなぼくとよく結婚してくれたね。

瑤子　40歳で死ぬなんて話、してくれた？

崑　しましたよ！

瑤子　私、そういうのあんまり信じないのね。（笑）

崑　早いもので結婚して62年。リハーサル中のスタジオに、赤い服を着たあなたが颯爽と入ってきたのが初めての出会いでした。「あの美人、誰や？」って男性陣がザワザワしてたなあ。本番後、「すみません」という声に振り返ったら、その美人が立ってるやないの。「弟がファンなんです。サインください」って。このチャンスを逃したらあかんと思うて「弟さんの名前は？　あなたの名前は？　住所は？」と矢継ぎ早に聞きました。もう、これだけわかったら、こっちのもんやと。

瑤子　家族がみんな「崑ちゃん」のファンだったから。私はまったく興味がなくて裏番組の草笛光子さんが出演していた「光子の窓」ばかり見てたけど。（笑）

崑　ぼくは、その日以来、あなたのことが忘れられなくてね。急に数時間だけ休みがとれることになり、思い切って手紙で食事に誘いました。

瑤子　1、2行の短い手紙ね。「香櫨園《こうろえん》の駅で三時にお待ちします」とそれだけ。

どうしようと思って「こんなのが来たけど……」って両親に相談したら、「まあ、駅で会うならいいでしょう」って。プラットホームで待ち合わせして梅田コマ劇場の2階の喫茶店でちょっとだけ話したのよね。それが最初だった。

崑　舞台が始まる前のわずかな時間にね。ぼく、それからも随分、手紙を送りましたよ。

今も大切にしているラブレター

瑤子　今、手元にあるから、ちょっと読んでみていい？

崑　え？　手紙あるの？

瑤子　ずっと大事に持ってたの。偉いでしょ。（笑）

「瑤子様

今夜はとても美しい月夜です。昼間の暑さが嘘みたいな涼しい風が通りぬけています。風鈴がなんともはや秋の気配が感じられます。こうして月の光の漏れる京の宿であなたのことを考えながら手紙を書いています。
今日一日、幸せだったかどうか。明日もきっと良い日でありますように。そればかり祈っております。車の中の僕は胸のうちより込み上げてくる喜びでいっぱいでした。

もうラジオが1時半を知らせてくれました。あなたは楽しい夢の世界に行かれたことでしょう。瑤子さんに会うまでは、今日は、いろいろな話題をもっていこうと思いながら、さて会ったら、何も口から出ない。我ながら自分が情けなくなります。では、手紙では思うように書けるかというと、これもダメときていますから始末に負えません。

でも、これからどんどん書いていくつもりです。字が下手だとか、文章がどうだとか言っていれば、あなたに嫌がられるかもしれませんが、昨日から続いてありがとう。感謝します。

いつまでもあなたの輝くような素晴らしい瞳で僕を見ていてください。奇異な手紙と思わないでください。

一生懸命書きました。あなたからの第三便を待っています。

最後にご家族の皆様によろしくお伝えください。

大村崑」

崑　うわあ、恥ずかしい！　アホなこと書いてるね（笑）。しかし、捨てずに持っていてくれたなんてうれしいなあ。当時は、映画館でお互いの指と指が偶然触れただけで照れくさくて。ほんまは、あなたの手を握りたいのに、どうしても勇気が出なかった。あなたもドキドキしているのはなんとなく伝わってきたよ。ふたりとも、ほんまに純情やった。ぼくたちは、出会った翌年に結婚。当時人気の芦屋雁之助《あしやがんのすけ》、芦屋小雁《こがん》両夫妻との3組合同披露宴テレビ生中継という前代未聞の企画で大きな話題になりました。その直後だったかな。瑤子さんが「1カ月間、あなたに付いて仕事を理解したい」と言ったのは。

瑤子　そう。あなたが「朝早くて夜遅いけどできるか？」って聞くから、「大丈夫」って答えて。

崑　忘れられへんのは、「番頭《ばんとう》はんと丁稚《でっち》どん」の現場でのこと。本番が始まってふと気づいたら、あなたがどこにもいない。「ぼくの嫁さん、どこ行った？」とスタッフに聞くと、みんな一斉に上を指さして「あそこですよ」。

瑤子　クレーンに乗ってた。（笑）

崑　クレーンに乗ってました。監督さんとカメラさんしか乗ることが許されないクレーンに！　しかも、真ん中に悠々と座って自分の8ミリカメラを回してたでしょ。あのときばかりは、「うちの奥さん、なんて人だろう」と思ったよ。

瑤子　監督さんが、「乗ってもいい」とおっしゃったのよ。

断るつもりだった「オロナミンC」

崑　瑤子さんの中身は、日本人というより外国人。もしかしたらあなたの好きなイタリア人なんちゃう？（笑）。ぼくの周りにあなたみたいなタイプはいなかったから、すごく新鮮やったし、かなり影響を受けましたよ。日本人は、遠慮がちで身内を卑下《ひげ》する傾向があるでしょ。あなたと過ごすうちに、そんな態度が、段々と気になるようになってきてね。たとえば、「崑さん、一緒に写真、撮ってもらえます？」ってお年寄りが声をかけてくださる。すると息子さんが「そやそや、おばあちゃん、撮ってもらい。死に土産に！」なんて言うのよ。思わず、「死に土産にって……ちょっと待って。そんなこと言わんとってよ。息子さん、親にそんな言い方したらあかんよ」とやんわり注意するようになって。それから「おばあちゃん、一緒に写真撮りましょう。長生きしてね」と明るく声掛けするようになりました。人間、陽気にしていないと早死にするからね。これ、ほんまのことよ。ぼくの仲間だった喜劇人たちも楽屋や家で怒ってる人が多かった。それだけが理由ではないけども、早死にしてる人が多い。ほんまに寂しいよ。

瑤子　不摂生な人も多かったしね。

崑　ぼくは、ここ30年ぐらいは怒ってないはず。いつもニコニコ元気ハツラツでしょ。そういえば、「元気ハツラツ」で思い出したけど、あのときも瑤子さんの決断力にかなわへんと思ったんや！

瑤子　え？　いつのこと？

崑　「オロナミンC」のコマーシャルを依頼されたときのことですよ！　ぼくが主演していた『頓馬天狗』は、「姓は尾呂内《おろない》、名は南公《なんこう》」というオロナイン軟膏をもじった決め台詞が人気やったでしょう。ところが、女優の浪花千栄子《なにわちえこ》さんが製薬会社の社長に「私をCMに使ってください。本名を聞いたら、びっくりしますよ」と言ったらしくてね。社長が「浪花先生、お名前は？」と尋ねたら、「南《なん》口《こう》キクノです」「軟膏、効くの！　ぜひ、お願いします！」となって、彼女がホーロー看板に採用されたの。ぼくは、『頓馬天狗』であれだけがんばったのにとガックリ。

瑤子　その後すぐにオロナミンCのCM依頼が来たのね。

崑　企画書を見たら、「元気ハツラツ！　オロナミンCドリンク」と書いてあった。でも、肝心のぼくはちっとも元気やないの。片肺でフラフラやったのよ。部長に「やりません」と断ったら、次は専務が来た。それでも断ったら、今度は副社長が来た。これが、押しの強い人でね。「やるか、やらないか、どっちですか？」と迫るから、今度こそはっきり断らなあかんと、大きく息を吸って「やりませんっ！」と言おうとした瞬間、横からあなたが「やらしてもらいます！」。

瑤子　契約の条件がよかったのよね。（笑）

崑「なんてことしてくれるねん」と思ったけど、瑤子さんのあの決断がなければ、「元気ハツラツ！　オロナミンC」の大村崑はなかったね。

あなたの家出でぼくは変わった

瑤子　少しは、感謝してよ。

崑　感謝してますよ。大事にしてるでしょ。大事にしないと、あなたは出て行ってしまうし。

瑤子　家出のこと？　あれは、結婚から10年後のことだった？

崑　大きな事件でした。夕方になっても、あなたは帰ってこない。慌ててあちこち探し回ったら、すでに飛行機でアメリカに向かっているとわかった。その後、置き手紙とカセットテープが見つかってね。息子ふたりとテープを聞いたら、「お母さんは、もう帰りません。お父さんと仲良く暮らしてください」。子どもたちは、ギャーッと泣きだすし、もうどうしたらええのか。なんとか連絡がついて、羽田空港に迎えに行ったら、ごっつい牛みたいなのを抱えてやってきたでしょ。あの牛、なんだったの？

瑤子　バッファローのぬいぐるみね（笑）。向こうで誰かにいただいたのかな。

崑　その夜、ホテルでじっくり話し合いました。あなたは「夫婦の会話がないのがつらい」と。

瑤子　あのころは、お義父さん、お義母さんだけでなく、お弟子さんやお手伝いさんもいて大所帯やったでしょ。あなたは仕事が忙しくて、家にいないし。他人さんばかりの中で孤立してたのね。お義母さんが、子どもたちを昔の流儀で育てようとするのもつらかった。

崑　おふくろにきついこと言われて台所で泣いてたもんね。ぼくも頭にきて「おばあちゃん、ここは大村家なんです。大村家を管理している瑤子さんの言うことは、ぼくの言うことと同じです。彼女に従ってください」ってきつく言ったもんや。

瑤子　いつも味方してくれたね。

崑　恥ずかしい話やけど、あなたが家出したときは、のたうちまわったよ。夜も眠れない。飛行機は無事に着くやろか、もう一度会えるやろうかと心配で心配で……。あなたをもっと大事にしよう。自分を変えようと決めました。弟子や手伝いの人に家を出てもらって家族４人だけになって、ぼくも食器を洗ったり、仏様にお水を供えたりと積極的に家事を手伝うようになった。あの事件がなければ、今のぼくたちはないね。

ブロッコリーと「かきくけこ」

崑　そんなこんなで医師に死ぬと言われていた40歳を過ぎ、50の坂も無事に越えてほっとしたころ、大腸がんが見つかった。

瑤子　あなたが58歳のときね。早期発見で本当によかった。

崑　瑤子さんは、ぼくに比べると丈夫やけど、つい最近、大きなケガをしたでしょう。

瑤子　２カ月前ね。両手に荷物を持って寝室に行こうとしたら、玄関の土間の段差にひっかかってバーンと飛んじゃった。膝を骨折しました。

崑　それでも松葉杖をついてジムに通うんだから。

瑤子　今、ようやく落ち着いてきたところ。スクワットをすると、まだちょっと痛いけど。

崑　そりゃ、痛いよ。それはそうと瑤子さんは、脳を活性化する「かきくけこ」って知ってる？

瑤子　かきくけこ？

崑　京都大学名誉教授で大脳生理学者の大島《おおしま》清《きよし》先生が考えたことなんやけどね。「か」は感謝、「き」は興味、「く」は工夫、「け」は健康。最後の「こ」が面白くてね。ぼくが講演で紹介すると、ドッと盛り上がるところ。なんやと思う？

瑤子　「こ」？　なんだろう？

崑　「恋」です。人間いくつになっても恋心がないといかんのよ。結婚してても心で恋をするのは、かまへんからね。

瑤子　「こ」なら、好奇心でもええんちゃう？（笑）

崑　ま、まあ、好奇心でもええね（笑）。そういう意味では、ぼくたち夫婦は、「かきくけこ」を実践してると思うよ。あなたは、コロナの流行がおさまったら、またイタリアにカンツォーネのレッスンを受けに行くんでしょ？

瑶子　ナポリには、友だちも多いし、みんな待っててくれるから。これまで通り、2カ月ぐらいひとりでゆっくりと過ごしてくるつもり。あなたも来年には、主演映画が公開されるし、その続編の撮影も決まったしね。

崑　日本最高齢のW主演らしい。ありがたいことやね。

瑶子　私は、年末にジャズライブで歌うことになりそうやし。

崑　そのステージでドレスを着るために、ジムで腹筋を鍛えてるんでしょ。

瑶子　がんばらないと！

崑　また、ぼくがスーパーマンに「奥さんに負けてますよ」って言われるやないの。「元気ハツラツ」もほどほどにして！（笑）

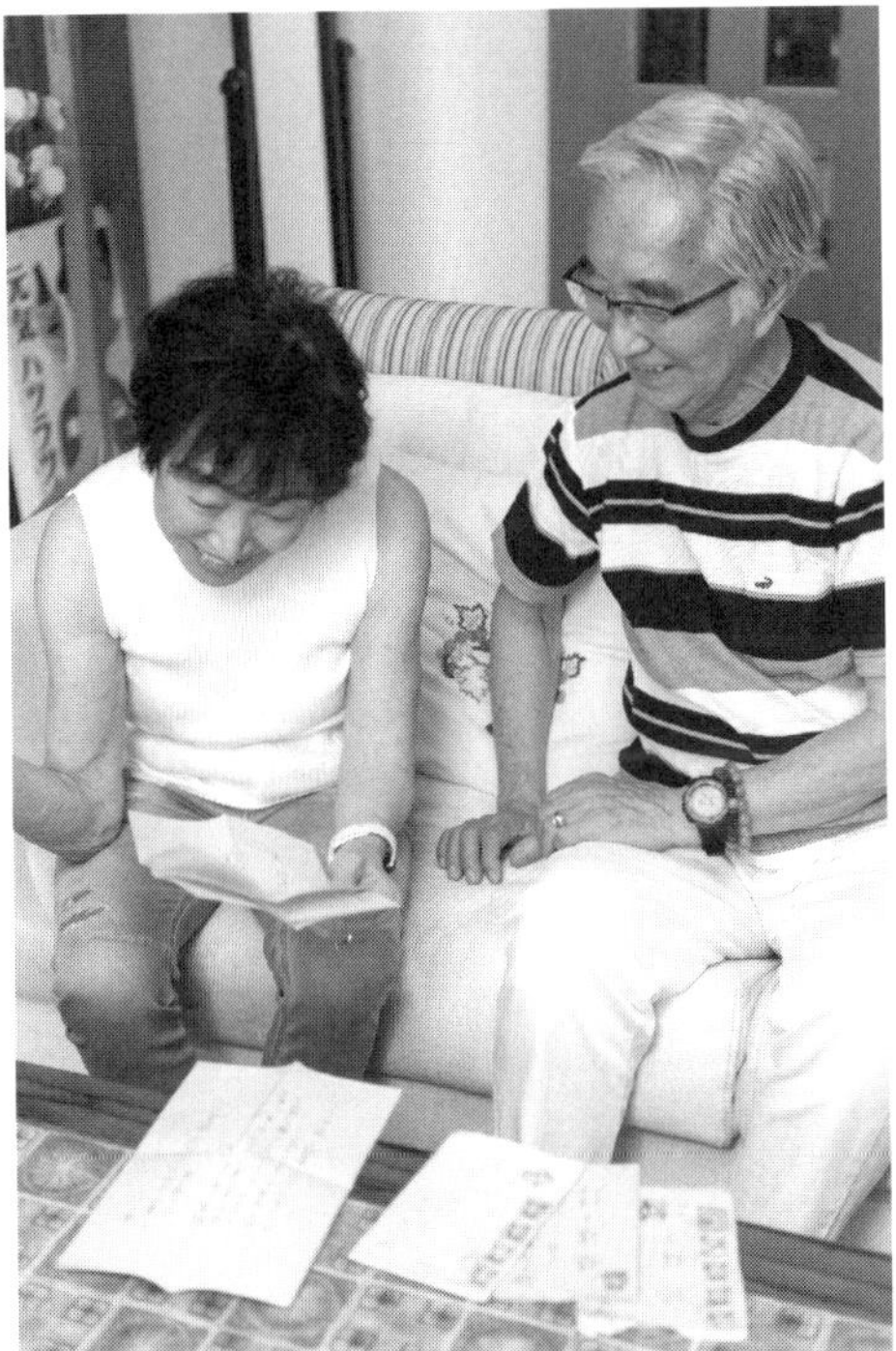

結婚前に送ったラブレターを読み返して懐かしむ崑さんと瑤子さん

第3章

ぼくが生まれてきた意味

父の急死で一家離散

ここからは、ぼくの93年間の歩みをお話ししたいと思います。え？　年寄りの自慢話は、長いからかなわん？　そんなこと言わんとってください。

ぼくの人生、面白いこともうれしいこともたくさんありましたが、それと同じくらい悲しいこともつらいこともたくさんあったんですよ。今は亡き喜劇界のスターたちとの思い出も数え切れないほどあります。え？　ちょっと知りたくなった？　そうでしょうとも。

ぼくは兵庫県神戸市生まれ。最初の記憶は、おやじに連れられて行った新開地の華やかな風景です。戦前の新開地は、「東の浅草、西の新開地」と言われるほど映画館や劇場、飲食店が建ち並ぶ繁華街でした。

幼稚園に迎えに来たおやじは、ぼくをひょいと肩車して通りを歩くんです。活気にあふれる街は、子ども心にもワクワクしましたねえ。写真館と電気店を経営していた父は、羽振りがよくて面倒見のいい人気者。あちこちから声をかけられながら馴染みの劇場に着くと、ぼくをポンと楽屋に置いて自分は女の子2、3人と食事に行ってしまうんですよ。残されたぼくは役者さんたちに遊んでもらっているうちに、台詞を教えられ、衣装を着せられて舞台に出るようになって（笑）。幼い子が「かかさんはお弓と申します～」なんて人形浄瑠璃の名台詞を言うもんだから、お客さんは拍手喝采です。子ども心にもうれしかったですねえ。あのときの興奮や快感が、ぼくの原点になってるのかもしれません。

もちろん、おふくろには内緒ですから、「銭湯に行ってきた」とおやじと口裏を合わせるわけです。でも、ぼくの足の裏は真っ黒やし、服のポケットからは、おひねりにもらったお金が出てくるわ、お菓子が出てくるわ。（笑）

ピンときたおふくろが、居間でごろ寝するおやじの前に仁王立ちし、「あんた！銭湯なんか行ってへんやろ！」「何、言うてんねん。行ったがな」「ほな、なんで、こんなん出てくんの？」「え？　何がや？　そ、それ、なんや？」最初こそ威勢の良かったおやじも、たちまち返事に困って形勢不利に。毎度、けんかになってましたが、わりあいすぐにケロっとしてましたね。おやじとおふくろは、基本的に仲が良かったんです。いつも笑いの絶えない明るい家庭でした。

でも、そんな幸せは長く続きませんでした。9歳のとき、おやじが腸チフスにかかってしまってね。電気工事の出張に行き、運悪くおやじだけが感染したんです。1940（昭和15）年の12月25日、クリスマスの日に高熱を出して隔離車で病院に運ばれ、一週間後の元日に死んでしまいました。太平洋戦争開戦の年です。

この日を境に、ぼくら家族は忌み嫌われるようになりました。「チフスの家や」と石を投げられ、塀に「チフス」と落書きされ……。あんなに可愛がってくれてた近所のおばちゃんやお姉ちゃんも、ぼくの顔を見るなり手で追い払いながら「あっち行って！」。友だちも、蜘蛛《くも》の子を散らすように悲鳴を上げて逃げていくんです。

おやじはあんなに慕われてたのに、なんで誰も泣いてくれへんのやろ？　なんで、みんなこんなひどいことするんやろ？　ぼくら、なんか悪いことしたんかな。9歳になったばかりのぼくは、ただただ呆然としていました。

同じころ、消毒薬の粉で真っ白になった家には、親戚のおじさん、おばさんが続々と集まってきました。大黒柱を失った一家をどうするか相談するためです。眉間にシワを寄せて難しい顔で話し合う親戚たち、部屋の隅で赤ん坊をあやしながら黙って不安げにうなずくだけの母。

結局、ぼくはおやじの長兄の家へ、4歳の妹・房江《ふさえ》はおふくろの妹の家へ、乳飲み子の美津子《みつこ》だけが、籍を抜かれたおふくろと暮らすことになりました。一家離散です。

別れの朝、何も知らない妹の房江がきれいな着物を着て「お兄ちゃん、行ってきます」とうれしそうに叔母に手を引かれて行った姿は忘れられません。あれが、ぼくたち家族がひとつ屋根で過ごした最後のときでした。

地獄の幼年期

ぼくは父方の本家にもらわれていったわけです。伯父夫妻には子どもがなかったから、ぼくを跡取りにするつもりだったんでしょう。伯父は、大阪・心斎橋で大きな写真館を営んでいました。

伯母に拳骨で殴られて難聴になったことはすでにお話ししましたが、ほんまにきつい性格の人でねえ。おやじを祀《まつ》っている仏壇の前にぼくを座らせて「私は、誰？」と聞くんです。「おばちゃんです」と言おうとしたら、「おば」のあたりで頬を平手でバシーン！　痛みをこらえるぼくにものすごい剣幕で「お母ちゃんやろ！　お母ちゃんと言い！」。それが毎日でっせ。今なら、間違いなく虐待で通報されてます。

親戚とはいえ、深いつきあいがあったわけではないんです。見ず知らずの夫婦の家にもらわれてきたのと同じなんですよ。子ども心に、この人たちに可愛がってもらわないと生きていかれへんことは、わかってました。でも、ほんまのお母ちゃんがおるのに、こんな恐ろしい人を「お母ちゃん」なんて呼ばれへん。最後までどうしても「おっちゃん」「おばちゃん」としか呼べませんでしたね。

実の父母や妹たちが恋しくて、毎晩、布団の中で泣いてました。金持ちの家やから布団は上等なんです。ふかふかの枕を涙で濡らしてると、どこからともなく2匹の猫、お吉《きち》と三代吉《みよきち》がやってきて布団にそろりそろりと入ってくるんですよ。伯父は無口な人でしたが、女の人にモテてね。浮気がばれるたびに、なぜか猫を抱いて帰ってくるんです。伯母はむかっ腹が立って仕方ないんでしょうね。お吉や三代吉が寄っていくと「シッ！　あっち行け」と容赦なく蹴るんです。ほんまにもう、ぼくのことは殴るし、猫は蹴るし、手も足も忙しい人でっせ。(笑)

お吉も三代吉もぼくに懐いてくれるのはええけど、2匹とも布団の中で悠々と寝るもんやから狭いんです。時々は、「えーい、こうなったら毒ガス攻撃や」とブーッと屁をこいたりしてね。さすがの猫も辛抱たまらんようになるんでしょう。しずしずと布団を出てブルブルブルと身震いしてやんの。ぼくは大きく伸びをしながら、「どうや、参ったか。ザマミロ！」なんて言って(笑)。でも、またすぐに「ごめん、ごめん」と謝って中に入れるんですけどね。
何も言わず寄り添ってくれる2匹の温かさと柔らかさには、ほんまに慰められました。お吉と三代吉だけが、ぼくの味方やったんです。この思い出があるせいか、今も猫は好きですねえ。瑤子さんと結婚してからもずっと飼ってました。

ある日、学校で体操をしていたら、校庭におふくろが立ってるんです。一目散に駆け寄って泣きすがるぼくに、おふくろは「元気にしてるか。おばちゃんに大事にしてもらってるか」。毎日殴られてるとは言えずに黙ってると、ぼくの手に飴玉を握らせ、セーターの袖口を折って小さな紙をはさみ込みながら、「これ、お母ちゃんの住所。なくしたらあかんで」と。いざとなったら逃げてこいという意味だと思い、お守りのように肌身離さず、持ち歩くようになりました。

数カ月後のこと。いつものごとく伯母にひどく叱られたぼくは、家を飛び出し、丹波の佐治《さじ》にいるおふくろのもとへ走りました。何度も道に迷い、知らない人の家に泊めてもらったり、汽車賃を出してもらったりしながら、苦労してようやくたどり着いた母の家。「よう来たな、よう来た」と泣きながら抱きしめてくれるおふくろの向こうに、知らないおっさんが立ってました。

おふくろは再婚していたんです。2日目の朝、「おかわり！」と差し出した茶碗に、そのおっさんがさっとお茶を入れるんですよ。「お前に、おかわりはさせへん」という意味だとすぐにわかりました。

ふと見ると、よちよち歩く末っ子の美津子を固く丸めた新聞紙で何度も殴ってるやないですか。「おっさん、俺の妹に何すんねん」と喉まで出かかったけど、そんなことを言えば、お母ちゃんがつらい目にあう。言うたらあかん。我慢せなあかん。子どもって、大人が思う以上にいろんなことがわかっているし、考えているもんなんです。

その後、おふくろが裏庭で、「ごめんね。お母ちゃん、面倒見てあげられへん。おばちゃんのとこに帰って」と。雪の降る寒い夜でした。

翌朝、バスの後部座席から振り返ると、おふくろは地面に座り込み、泣き崩れています。美津子はきょとんとこちらを見ていました。もう二度とここには来られへん。何があっても絶対に来たらあかん。

「お母ちゃん、さよなら」

遠く小さくなっていく母の姿を目に焼き付けながら、これが永遠の別れなんだと悟りました。


もう、ぼくの居場所は伯父夫婦の家しかありません。殴られることを覚悟して戻ったぼくを伯母は叱りませんでした。ふと仏壇を見るとぼくの茶碗が伏せて置かれてるんですよ。当時、出征したり、家出したりした子どもの茶碗を伏せて置いておくことは、「無事に帰れ」と祈ることでした。「おばちゃん、ぼくの帰りを待ってたんや。この人は、この人なりにぼくを愛してくれてるんやろか」。ちょっと意外に思ったのを覚えてます。

とはいえ、「よう帰ってきた」と喜んでくれるでなし、抱きしめてくれるでなし……。その夜、もう二度と寝ることはないと思っていた上等の布団に入ると、小さな足音が近づいてきました。布団をすこーし持ち上げると、当たり前のようにスルリともぐりこんでくるお吉と三代吉。「そうか。待っててくれたんか。ありがとうな。ありがとうな」。何度も言いながら柔らかくて温かな体を撫でさすっているうちに、こらえていた思いがわーっと押し寄せて、おんおんと声を出して泣きました。

おふくろはその後、再婚相手を亡くし、小学校で用務員として働いたそうです。ぼくが人気者になってからは、「大村崑の母です」とうれしそうに自慢してたんですって。「小学生のころ、崑さんのお母さんにお世話になりました」とお礼を言われたことも一度や二度じゃありません。子どもたちに囲まれて楽しく過ごした日々もあったと思うと、ちょっとほっとしますね。なんせ、苦労ばかりの人生でしたから。

瑤子さんとテレビ披露宴を挙げると知ったとき、おふくろは出席したがったらしいです。でも、周りから「育ての親が、ほんまの親。テレビに出るなら、なおのこと、あんたは行ったらあかん」と諌《いさ》められてあきらめたんだとか。つらかったでしょうね。かわいそうなことをしました。

おふくろと再び暮らすことはかないませんでしたが、おふくろと再婚相手との間にできた父親違いの妹の佐代子《さよこ》を役者にしようと思い、一緒に暮らして面倒を見たことがあるんですよ。兄妹のなかで、一番、ぼくに似てたんです。不思議なものですねえ。生き別れたふたりの妹、房江と美津子は今もピンピンしてます。家族はバラバラになりましたが、妹たちとの絆を守れたのは幸せでした。

戦争のトラウマ

1944（昭和19）年旧制中学校以上の学生は、工場などで通年労働しなければならなくなりました。いわゆる学徒動員です。それまでも学徒動員は行われていましたが、戦況の悪化とともに労働日数が延び、この年、「通年」になったんです。つまり、一年中、勉強せずに働かなあかんってことですな。ぼくの学生時代は、まさしくそのど真ん中。神戸市立第一機械工業学校（現・神戸市立科学技術高校）に進学しましたが、学校にはほとんど行ってません。

最初は、戦闘機の補助タンクを作る工場で働いていたんですけど、そのうち仕事がなくなりました。「特攻」が行われるようになったため、帰りのガソリンを積む補助タンクは不要になったんです。神戸の輸送船を造る造船所に移ってからは、真っ黒になりながら溶接のためのコークスをひたすら割ってました。

実は、このころ煙草を覚えてね。仲間6人とこっそり抜け出して、防空壕の中に隠れて一服したんですよ。そしたら、酸欠状態になって気絶してしもうて……。もう少し発見が遅れてたら、間違いなく全員死んでました。

どうやら、ぼくが最初に発見されたらしく、ほっぺたをビシビシ叩かれ、それでも目が覚めないとわかるとビシャーンとバケツで冷水をぶっかけられて。ようやく気がついて周囲を見回すと、ほかの6人が丸太みたいに並んで転がってるやないですか。わあぁ、えらいこっちゃ。どないしようと震えあがりましたよ。

「起きろ！　起きてくれ！　死ぬな！」、必死に叫びながら、ほっぺたを叩き、水をぶっかけて。なんとか全員が目を覚ましたときは、涙と汗と水で頭から靴の先までびしょ濡れになってました。

もちろん、学校は大騒ぎです。「この不良どもが！　お国のために尽くすべきときに、何してるんや！」。そりゃもう、こっぴどく叱られました。

煙草といえば、20歳になってからもえらい目にあいました。友だちふたりと銭湯の前に並んでスパスパやってたんです。ぼく、結核で片肺になってるのに喫煙してたんですよ。目の前に止まった自転車からおっさんが降りてきたと思うと、ぼくの口から煙草を抜き取っていきなり拳骨で顔をボカーン！

「ガキのくせに煙草なんか吸いやがって！　この野郎」って怒鳴るんです。

びっくりして声も出せへんぼくに代わって友だちが、「何するんですか。ぼくたち、20歳ですよ」と言い返したら、そのおっさん、「お前らは20歳かもしれんが、こいつはちゃう」って。あんたに、何がわかるねん！　しかも、そんな理由でいきなり殴ってええの？　グーパンチは、伯母だけで十分やわ。（笑）

今思うと、おっさんも戦争のトラウマを抱えて気持ちが荒《すさ》んでたのかもしれません。神戸はたび重なる爆撃で市街地の6割が焼失し、戦前に100万人を超えていた人口は、38万人にまで減っていました。ぼくたち学生は大空襲後、トラックに乗せられて一面の焼け野原を走り、清盛塚（神戸市兵庫区）のあたりで降ろされて黒焦げの遺体を棺桶に納めて運ぶ作業をさせられました。校庭に集めた棺桶には、油がまかれて一気に焼かれるんです。数日にわたって繰り返し見たあまりにも無残な亡骸と燃え続ける炎の臭いは、思い出すと苦しくなるから心の底に閉じ込めて忘れたふりをしていました。あのころ、誰もが笑顔の下に戦争の苦しみを背負ってたんです。

ぼくが学徒動員で働いていたころ、瑤子さんは岡山のお寺に集団疎開していたそうです。ある日、あまりにもお腹がすいてお供えのおまんじゅうを懐に入れたのが見つかってしまい、みんなの前でひどく責められたんですって。「さらし者になって、つらかった」と言ってました。両親が会いにきてくれたとき、「連れて帰って」とすがって泣きじゃくったとも。

いくら友だちと一緒でも、子どもが親元を離れて暮らすのはつらいもんです。修学旅行だって1泊や2泊だから楽しいのであって、長すぎたら嫌になりますもんね。あの気丈な瑤子さんが毎晩、泣いてたと言うんですから相当苦しかったんでしょう。戦時中は、大人も子どももほんまに我慢ばかりしてました。

結婚後、ふたりで岡山のお寺を訪ねたんですよ。瑤子さんは、当時のことを思い出してたのかな。口数少なく、あたりの景色をじっと見つめていましたね。

「大村崑」の誕生

結核で片肺になり、医師に「40歳までしか生きられへん」と言われたところまでは、すでにお話しした通りです。1年半の療養を経て、気持ちも新たにキャバレー「新世紀」に戻りました。

見た目は同じでも、ぼくの中身はすっかり別人。もう、夜遊びにうつつを抜かす不良少年ではありません。ここを足掛かりに喜劇役者をめざすと決めてますから、仕事への意気込みもまったく違いました。あっという間に、40人以上をまとめるボーイ長になり、「皆様、お待たせしました。今夜は美空《みそら》ひばりさんの登場です！」なんてショーの司会も任されるように。当時のキャバレーには大きな回り舞台があり、綺羅星のようなスターが大勢、出演していたんです。

ある日、雪村《ゆきむら》いづみさんのマネージャーが「あなた、面白いね。神戸出身？ぼくと同じやね」と優しく話しかけてくださいました、今がチャンスやと思い、「ありがとうございます！　実はぼく、プロの司会者になりたいんです。どなたか紹介してもらえませんか」と勇気を出して言ってみたんですよ。

そしたら、「ああ、ええ人いるわ」と大久保怜《おおくぼれい》さんを紹介してくださった。大久保怜さんといえば、当時ラジオで大人気の有名司会者です。さっそくご本人に会いに行くと、「明日から来い」と。もう、飛び上がるほど、うれしかったですねえ。こうして大久保先生の一番弟子になり、芸能界への一歩を踏み出すことになりました。

ちなみに大村崑という芸名を考えてくださったのも大久保先生です。大久保の「大」と、ぼくの本名・岡村の「村」で「大村」、それに縁起がいいとされる昆布の「昆」をとって大村昆。
そう、最初は、昆布の「昆」やったんです。ところが、あるとき、台本に大村「崑」と誤植されてきてね。それを見た先生が、「崑崙山《こんろんざん》といえば、中国で敬われてる伝説の山や。崑崙山脈は、中央アジアに実在する大山脈。俺が小隊長として兵隊約60名を連れ、攻めていった場所でもある」と。先生は、機関銃中隊の小隊長として中国南部を転戦してきた元軍人ですから詳しいんです。「崑にしなさい。ええ名前や」。その一言で大村崑が誕生しました。

次にきっかけを与えてくださったのは、歌手の灰田勝彦《はいだかつひこ》さんです。灰田さんは、ショーの最後に大ヒット曲「野球小僧」を歌うのが恒例でね。その際、司会者のぼくに舞台袖から客席に向けてサインボールを投げろとおっしゃるんです。でも、小さな劇場ならともかく、体育館みたいに広い場所やったから客席まで届かへん。仕方なくぼくが燕尾服に蝶ネクタイという司会者の格好のまま籠を抱えて、舞台上からボールを放ることにしたらこれが大受け！　灰田さんもボールをおでこで受けて、サッカーのヘディングみたいに上手に放ったりするんですよ。お客さんは大爆笑です。歓声と拍手でものすごく盛り上がりました。
ある日、灰田さんが「お前、おもろいから司会やめて喜劇役者になれ」と。さらに、その場で大久保先生に電話をかけて、「大村という男は才能があるから、独立させたほうがいい」と言ってくださったんです。ちょうど大阪の「北野劇場」という大劇場から「うちに来ないか」と誘いを受けていたので、背中を強く押してもらえたと思いました。

改めて後日、大久保先生に「ぼく、喜劇役者になりたいです。独り立ちさせてください！」と頭を下げたら、「わかった。がんばってこい」と。弟子入りしてから、およそ3年。先生には、ほんまにお世話になりました。灰田勝彦さんだけでなく、淡谷《あわや》のり子さんや東海林太郎《しょうじたろう》さんなど一流スターの舞台の司会を経験させてもらったおかげで、後に「日清ちびっこのどじまん」など人気番組を任されるようになっても、臆することなく司会進行できたと思います。

喜劇役者は天職だ

「よっしゃ、今日から喜劇役者や！　思いきり暴れたるで！」と、肩で風切る勢いで「北野劇場」に足を踏み入れたはいいものの、プロの世界は甘くなかった！　いやぁ、厳しかったです。当時、「北野劇場」には、浅草で芸を磨いてきた佐々《さ》十郎《じゅうろう》、茶川一郎《ちゃがわいちろう》がいました。この先輩たちが、いたずらともいじめともとれる無茶をするんです。

たとえば、ぼくが蕎麦屋の役で舞台に出てるとしますよね。そこへ、やくざの子分を演じる先輩が登場してきて「お前、誰の許しを得て商いをやってるんだ」と難癖をつけながら、お客さんに背中を向けたまま、着物の裾をパッとめくる。そしたら、なんと股引をはいてないんです！　すっぽんぽんでっせ！　びっくり仰天して思わずプッと吹き出すと、向こうはピクリとも表情を変えず、「何がおかしいんだ」と力いっぱい蹴とばしてくる。もちろん、そんなくだりは台本のどこにもありません。アドリブの形を借りた意地悪ですわ。こっちは、「あんた、ちんちん出てまっせ」とは言われへんでしょう（笑）。もう、困ったのなんのって。今でこそ笑い話にしてますけど、当時はほんまに恐ろしかった。真剣勝負の舞台で、何を仕掛けられるかわからへんのですから。

そのほかにも、出前の親子丼を食べようとしたら、ごはんだけがなくなってたり、劇場の風呂に入ろうとするとお湯が全部抜かれてたりね（笑）。あの手この手でしごかれました。おかげで芸も根性も鍛えられたんで感謝してますけど、佐々やんと茶川さんそれぞれの墓に参ったときに、こっそり言ってやりましたよ。「ほんまにお世話になりました。天国で恩返し、あ、ちゃうわ、仕返ししたるから、楽しみに待っときや」。（笑）

そんなぼくらのドタバタ喜劇は、花登筐《はなとこばこ》先生の抜群に面白い台本に支えられ、毎回、爆笑に次ぐ爆笑。街に出ると握手やサインを求められるようになり、その勢いはテレビ局にも知られるようになりました。

大阪テレビでコメディドラマ『やりくりアパート』が始まったのが、１９５８

（昭和33）年2月、ぼくが26歳のときです。たちまち大人気となり、最高視聴率は50パーセント超え。番組の冒頭、佐々やんとぼくが登場して掛け合うダイハツの三輪自動車「ミゼット」のコマーシャルも大流行しましたから、ご存じの方も多いかもしれませんね。

このコマーシャル、元々は、女性アナウンサーがしゃべる予定やったんですよ。当時は、ドラマ本編はもちろんコマーシャルも何もかも生放送。よっぽど緊張したんでしょうね。あろうことか、彼女、本番30秒前に気絶してしまったんです。急遽、「大村と佐々がやったらええんちゃうか」となって、ぼくらふたりの掛け合いになりました。

それにしても「ミゼット、ミゼット」と連呼するコマーシャルが、あんなに受けるとは思いませんでしたねえ。ＮＨＫのアナウンサーさんたちも職場で食い入るように見てたんですって。

その1年後には毎日放送でこれも大人気となった『番頭はんと丁稚どん』が始まり、その年の秋には、よみうりテレビ制作、大塚製薬提供の痛快時代劇コメディ『頓馬天狗』の主役に抜擢されました。ぼくが本格的にブレイクすることになる作品です。

工業学校時代に剣道をやってましたから、剣さばきには自信がありました。『頓馬天狗』は、とぼけたキャラクターの主人公「尾呂内南公」が秘薬を飲むと剣の達人になり、パパパパパ、パーンと新選組ならぬ「珍選組」を斬っていくという痛快コメディィ。ぼくが考え出した左手だけの「片手抜刀」が子どもたちの人気を集め、全国津々浦々の小学校や空き地で、小さな頓馬天狗たちが片手抜刀で敵をバッタバッタと倒していたものです。ちゃんばらごっこ全盛の時代でしたしね。

『頓馬天狗』が始まった1959（昭和34）年は、皇太子殿下と美智子妃殿下のご成婚の年でもありました。「もはや戦後ではない」と経済白書に記されてから3年。世の中はミッチーブームに沸き、おふたりを映像でひと目見ようとテレビが一気に普及したんです。

高度成長が本格化する昭和30年代、日本中のお茶の間で家族そろってワクワクしながら『頓馬天狗』を見てくださったと思うとうれしいですね。生放送だけに監督の怒鳴り声が入ったり、出演者全員が笑いのツボにはまって台詞が言えず、収拾がつかなくなったりと現場はアクシデントの連続でしたけど、それも、あの時代ならではのハチャメチャさ。ぼくにとっても忘れられない大切なドラマです。

喜劇役者として人気者になる夢はかないましたが、なんせ片肺ですから体力が続きません。生放送中は、息も絶え絶え。颯爽《さっそう》と敵を倒しているように見えて、ほんまはこっちがフラフラで倒れる寸前だったんです（笑）。そんな具合ですから、実は当時、立ち回りを代わってくれる影武者がいたんですよ。後に、「あーりませんか」「ごめんくさい」で親しまれたチャーリー浜《はま》さんです。当時、大学生だった浜さんは、ぼくの家に1週間ほど泊まり込んで頓馬天狗の動きをすべて覚えてくれました。

思えば、ぼくの喜劇役者としてのルーツは、幼いころにおやじと神戸新開地で見た「森川信一座《もりかわしん》」にあります。森川信さんは後に、映画『男はつらいよ』で初代おいちゃんを演じ、広く知られるようになった役者さんです。あの方が率いていた劇団は、とにかく動きがダイナミックで面白かった。子ども心に「すごいなあ」と感動し、役者さんたちの動きを目に焼き付けて、友だちの前で繰り返し披露していました。『番頭はんと丁稚どん』で演じたちょっとアホな丁稚役は、子どものころから練り上げてきた森川信一座仕込みの芸を集大成したものでもあるんです。

そう思うと不思議ですよね。おやじと過ごしたのはたった9年間なのに、一緒に劇場で見た芝居が、ぼくの土台を作ってくれてるなんて。あの日に戻れたら、いつものように肩車されながら、「お父ちゃん、ぼくな、20年後には、日本中に知られる喜劇役者になってるで」と教えてあげたいですねえ。

ドロンの罠

片肺の息苦しさに加え、防空壕で気絶したり、見知らぬおっさんに殴られたりと散々な目にあってきたにもかかわらず煙草はずっと吸ってました。人気絶頂で多忙を極めていたころなんか、毎日50本入りのピース缶がなくなるほどのヘビースモーカー。指先は、ヤニで真っ黄色になってましたよ。

そんなある年のお正月、俳優の山本陽子《やまもとようこ》さん主催の新年会に行ったんです。みんな夜通しで麻雀するんですけど、ぼくはやり方を知らなくてね。「なんで白いのが並んでんの？」とか「東って書いてるのを集めてるん？」とかいらんことばっかり言うもんやから「お前、あっち行け！」と追い払われた。

何もすることがないでしょう。煙草の煙が充満してるから、そうや、換気でもしようと窓を開けると、な、なんと、窓がはずれてストンと落ちてしもたんです。ちゃんとした旅館でっせ。そんなことあります？　あ！　しまった！　と思った瞬間、ビューッと冷たい風がものすごい勢いで吹き込んできて、みんな大騒ぎです。麻雀卓を抱えて、あちこち逃げまどってね。（笑）

陽子が「もう、麻雀が台無しになったじゃない。お兄ちゃん、いい加減にしてよ。罰としてお兄ちゃんが煙草吸ってるのを見つけたら、ひとりにつき1万円没収します。みんなも見つけたら、1万円もらってください」って。そ、そんな殺生な……。総勢16人でっせ。1回見つかっても16万円払わなあきませんやん！

その夜、マッサージ師さんに「よかったらご主人にあげてください。ぼく、賭けをしてて吸われへんねん。持ってたら我慢できへんようになるから、もらってちょうだい」とZIPPOのライターと一緒にピース缶ごとあげてしまいました。

結局、それから今日まで一本も吸ってないんですから、人間、何がきっかけになるかわかりませんね。陽子に会ったら、「あなたのおかげで禁煙できたよ。ありがとう」って言おうと思ってたのに、亡くなってしまいました。ぼくの妹役やったんです。寂しいですねえ。

煙草はそんな具合でしたが、ぼく、酒のほうは元々飲まないんですよ。酒席に招かれても、グラス一杯がせいぜい。「俺の酒が飲まれへんのか？　生意気やな」なんて怖い先輩に叱られたことも何度もありましたけどね。今と違ってノンアルコールビールなんてない時代ですし、お酌されたら飲むのが礼儀みたいなもんでした。でも、ぼくも頑固やから、「いや、結構です」ときっぱり断るでしょ。「その口の利き方はなんや！」とさらに怒られてね。いつごろからか、グラス一杯だけつきあったら頃合いを見て荷物をまとめ、サッと帰るようになりました。毎回、気づいたらおらんようなってるから「あれ？　崑ちゃん、どこ行った？」と。次第に「ドロンの崑」と呼ばれるようになったんです。

ドロンする芸人なんてぼくぐらいですから、そりゃもう、陰でいろいろ言われましたよ。「あいつ、つきあい悪い」「ケチなヤツや。嫁さんが怖いから酒代も節約してるんやろ」「豊中の山のてっぺんにプール付きの豪邸建てて、イタリアの国旗を立ててるらしい」「師匠の花登筐より、大きな家に住んでる。身のほど知らずが」……どこからともなく、そんな悪口が耳に入ってきました。

酒席の最後って、そこにいない誰かの悪口で盛り上がりがちじゃないですか。ぼく、あれが、めちゃめちゃ苦手なんですよ。

そういえば、こんなこともありました。ぼくの座長公演のときです。役者さんたちは劇場に入ると、まず、座長であるぼくの楽屋に挨拶に来てくれるんですけど、その日は、様子がいつもと違うんです。「あのな……」と話しかけても、ぼくの顔を見ないで避けるようにそそくさと出て行く。ああ、これは、なんかあったなと思ってたら、案の定、脇役のベテラン俳優が前夜、みんなを連れて飲みに行き、ぼくの悪口をあることないこと吹き込んでいました。

悪口を言うのは別にかまへんのです。ぼくも欠点の多い人間やし、誰にだって好き嫌いはありますから。でも、これから全員が心をひとつにして、ええ舞台を作り、お客さんに楽しんでもらおうというときに、それをやったらあかん。プロとして失格やと思います。

……なーんて悟ったようなことを言ってますが、喜劇役者が酒で憂さを晴らしたくなる気持ちは、ぼくにも痛いほどわかるんですよ。お客さんにウケたウケないで一喜一憂するし、すべったら自信をなくしてとことん落ち込むし、人気商売やから明日どうなるかわからへんという恐怖があるし、いつもライバルとの厳しい競争にさらされてるし、とにかくストレスがたまる因果な商売でもあるんです。だから、ぼくのまわりの喜劇人も、みんな、よく飲みました。そして、あまりにも早く死んでしまいました。ちょっと見てください。数字はそれぞれの享年です。

三波伸介《みなみしんすけ》　52歳
佐々十郎　55歳
榎本健一《えのもとけんいち》　65歳
トニー谷《たに》　69歳
芦屋雁之助　72歳
茶川一郎　73歳
伴淳三郎《ばんじゅんざぶろう》　73歳
藤田《ふじた》まこと　76歳
花菱《はなびし》アチャコ　77歳
由利徹《ゆりとおる》　78歳

三波伸介と佐々やんは50代でっせ。早いにもほどがある。そのほかの人だって長寿とはいえません。今や、70代なんて現役世代といってもおかしくない時代ですからね。

舞台や映画で思いきり暴れて、豪快に飲んで遊んで、短くも濃い人生を生きたといえばカッコよく聞こえますけど、もっと長生きして面白さのなかに凄みと深みのある円熟した芸を見せてほしかったですよ。きっと本人もそうしたかったはずです。この面子《めんつ》の中には、一緒にがんばった仲間もいれば、お世話になった大恩人もいます。

でも、みんな死んでしもた。昔を思い出して笑い合える戦友がいなくなることほど寂しいことはありません。

ただ、ひとりだけ、今のぼくの年齢を超えて活躍された方がいます。ぼくが最も尊敬する方であり、喜劇界に燦然《さんぜん》と輝く長寿記録を打ち立てたお方。

森繁久彌《もりしげひさや》　96歳

ぼくは「おやっさん」と呼んで慕ってきました。あれほどの喜劇役者は、もう出てこないでしょう。たくさんのことを教えていただきました。おやっさんのことは、あとでもう少しお話ししますね。

人を傷つけない笑い

2024年10月30日、「日本喜劇人協会」の第11代会長に山田邦子《やまだくにこ》さんが選ばれ、その就任式に立ち会いました。初代会長はエノケンこと榎本健一さん、僭越《せんえつ》ながら、ぼくも第8代会長を務めさせてもらったんです。今回、歴代会長を代表して呼んでくださったんでしょうね。他の人を呼ぼうにも、ぼく以外、もう誰もこの世におりませんし。(笑)

そうそう、あなたも、もし浅草に行くことがあったら、ぜひ、「喜劇人の碑」

を訪ねてみてくださいよ。1982（昭和57）年、浅草寺の境内に建立された大きな石碑です。長い間、浅草芸人の名だけが刻まれてきましたが、ぼくが会長を務めたときに、「浅草だけに限定せず、日本を代表する喜劇人の名を残しましょう」と提案し、上方から初めてミヤコ蝶々《ちょうちょう》さんが加わりました。あれは確か、2001年やったと思います。

時は流れて、その山田邦子さんが就任した日に、なんと、ぼくの名入れ式も行われたんです。ほんまは亡くなってから石碑に刻むものやのに、存命中に名前を入れてもらえるなんて異例中の異例。ありがたいことです。今は亡き偉大な喜劇人に名を連ねさせてもらったことやし、もう、ぼく、死なんでもええんちゃうかな（笑）。あの日以来、さらに長生きできそうな気がしています。

実は、この就任式で山田邦子さんに老婆心ながらアドバイスさせてもらったんです。「喜劇人は調子に乗ると下ネタをやったり、人の嫌がることをして笑わせようとしてしまう。それはあかんよ。酒も飲みすぎると早死にするからほどほどにね。健康に気をつけて、ますます活躍して」と。そしたら、記者会見の席で「崑さんに言われました。下ネタは封印します！　お酒も飲みすぎません！」やって。（笑）

「下品な芸はするな」

「下ネタをするな」

「舞台で弱いものをいじめて笑いをとるな」


この3つは、今に始まったことやなくて、ぼくが喜劇役者になってからずっと自分に言い聞かせてきたことなんです。

ささいなことかもしれませんけど、たとえば、舞台で赤ん坊の人形を無造作に投げ合うような芝居もしたくないんですよ。それが本物じゃなくても、大事な赤ちゃんを乱暴に扱ってポイポイと放り投げるなんて嫌な気持ちになるし、そんなことで笑いをとりたくないんです。

笑いにもいろんな種類があります。下ネタや弱いものいじめのネタでも、お客さんは笑ってくれるでしょう。もしかしたら、大爆笑するかもしれません。でも、その笑顔はどこか下卑て、歪んでいませんか。

ぼくが喜劇役者を続けているのは、人は心から笑うと、みんなええ顔になるから。舞台に出ててもちゃんとわかりますよ。ほんまにおもろい場面になったら、みなさん、グッと身を乗り出して、目をキラキラ輝かせながら舞台を見つめ、屈託のない、ええ顔で幸せそうに笑ってはりますから。

ぼくは、そんな顔が見たいんです。

妻・瑤子さんのこと

瑤子さんとの出会いは、1959（昭和34）年7月。シャンソンのオーディションでテレビ局を訪ねていた彼女が「弟がファンなんです。サインをいただけますか」と声をかけてくれたのがきっかけです。その瞬間、一目ぼれしました。

翌年3月1日、ぼくたちは親族だけのプライベートな結婚式の後、芦屋雁之助夫妻、芦屋小雁夫妻とともに3組合同テレビ披露宴を挙げました。アイデアマンの花登筐先生らしい前代未聞の企画ですが、先生の本音は3組がバラバラに結婚したら休みも分散して番組が困るから「一緒に挙げてまえ!」ってことやったみたいです（笑）。全国に生放送されてお茶の間の大きな話題になりました。

新婚旅行に出発してからも記者やファンにもみくちゃにされ、ようやく旅館に着いたと思ったら、そこにも地元の子どもたち20人以上が待ってて「崑ちゃーん!」（笑）。もう勘弁してよと思いましたけど、子どもの無邪気さには勝てませんな。瑤子さんもつい笑顔になって「崑ちゃん、何しにきたか知ってる?」「しんこんりょこう!」なんて微笑ましい掛け合いをしてました。懐かしいなあ。

翌朝、「ぼくはあなたをどう呼べばいいですか」と尋ねると、「ずっと名前で呼ばれてきたから、瑤子と呼んでください。そうじゃないと返事しません」と。さすが、未来の司令官!　指示命令がはっきりしてますな（笑）。というわけで、ぼくは今日までずっと彼女を「瑤子さん」と呼び続けているわけです。当時は、自分の妻を「これ」「うちの嫁はん」なんて呼ぶのが当たり前でしたから、ぼくが「瑤子さん」と呼ぶたびに、まわりは「え?」と驚きの目で見てました。「嫁さんを名前で呼ぶなんて、どこまでかかあ天下やねん!」とあきれてた人もいたんちゃいますか。

でも、現実の結婚生活は、「かかあ天下」とは真逆だったんですよ。瑤子さんは、いきなり相撲部屋のおかみさんみたいに大所帯を切り盛りする生活に放り込まれました。育ての親である伯父夫妻も同居するようになり、弟子も何人か住み込み、スタッフも四六時中出入りしていましたから。最初こそ猫をかぶっていた伯母も、次第に本性を現して嫁いびりをはじめるし、ふたりの息子が生まれてからは子育てにうるさく口は出すしね(笑)。しかも味方であるはずのぼくは仕事で家におらへん、会話する時間もまったくなし。

孤軍奮闘してきた瑤子さんですが、ついに「もー、いやだ! こんな家、出て行ってやる!」ってなったんでしょうな。結婚して10年目のある日、突然家を出て、アメリカの友人のもとへ行ってしまいました。長男が小学4年生、次男が幼稚園のときです。

いやあ、焦りました。なんとか説得して戻ってもらえたからよかったけど、そうじゃなかったらと思うと、今でもドキドキします。あのときは、生きた心地がしませんでしたよ。猛省しました。心を入れ替えなあかん。家族を大事にしよう。そう思って、さっそく行動に移したんです。

まず、伯父夫妻と弟子たちに家を出てもらい、家族4人水入らずの暮らしをはじめました。ぼく自身はといえば、率先して家事をするようにしたんです。自分でお茶を淹れ、自分で茶碗を洗う。服は洗濯してアイロンがけもして、それぞれの引き出しにしまう。今でいうところの家事男《カジダン》の端くれになったわけです。

これが、よかった。「ああ、主婦の人たちは、こういうことを考えながら、家事をしてるのか」とちょっとわかるようになりましたから。逆にいえば、それまで瑤子さんの苦労をまったく理解してなかったたってことですね。

最近でこそ、男性も家事をするようになりましたが、当時は、「男子厨房に入らず」が当たり前でした。むしろ、台所に入るなんて「男らしくない」と笑われていた時代です。ぼくのことを「芸人のくせに、嫁さんの尻に敷かれて……」と冷ややかな目で見ていた人も大勢いたと思いますよ。

でも、あのときに考え方を変えて、ほんまによかった。おのずと不摂生な生活習慣から遠ざかり、健康的になりましたからね。あのショッキングな家出事件がなければ、今の元気なぼくはいなかったかもしれません。

瑤子さんは、一見、自由奔放に見えますが、実は細やかな配慮の人なんです。以前、女性週刊誌のインタビューで彼女、こんなふうに言ってました。「大村は案外、短気なんです。だから私が何か主張するにしても、一線を越えないようにブレーキをかけてます。そのバランスが大事」と。

ああ、そうか！　と思いましたよ。常々、瑤子さんことを司令官と呼んで怖がってますが――あ、もちろん実際に怖いんですけども（笑）、いつも、彼女のひと言でやる気になってるんですよねえ。新しいことに興味をもつようになったり、ものの見方が変わったり……。それもこれも、ぼくの性格を熟知した瑤子さんがうまいことバランスをとってくれてるおかげなんやと。そういえば、ライザップに誘ってくれたときもお見事でしたもんね。（笑）

大村崑の妻としての面ばかり話してきましたけど、彼女は、日本にネイルアートを普及させた功労者でもあります。1980年代に本場アメリカで技術を学び、帰国後、ネイルサロンをオープン。そこから多くの若きネイリストが巣立っていきました。日本ネイリスト協会の名誉会長を務めていたこともあるんですよ。

2000年にネイル業界を引退後はのんびりするかと思いきや、翌年から毎夏、語学とカンツォーネを学ぶためにイタリアへ留学するようになりました。ぼくを置いて丸々2カ月間もでっせ。かなんわあ（笑）。あの人のことやから、向こうでもがんばったんでしょうな。07年には、CDアルバムをリリースし、15年には、ナポリで「ニコラルディ賞」というカンツォーネ歌手に送られる賞を受賞。今も、関西を中心にカンツォーネ歌手・岡村瑤子として活動してはります。

でもね、一番かなわないのは、ぼく以上に筋トレをがんばるところですよ。最近は、チンニング（懸垂）にはまり、ジムでトレーニングするだけでは飽き足らず、自宅の廊下に手作りのバーを備え付けてぶら下がってます。ちょっとトイレに行こうとしたら、目の前にブラブラしてるんですから、びっくりしまっせ！　88歳で、「趣味、懸垂」なんておかしいでしょ。スーパーばあちゃんにもほどがある。あ、「ばあちゃん」なんて言ったら、「だれのこと？」って聞こえんふりするかな。（笑）

司令官には、いつまでも好きなことをやり続けてほしいと思います。くれぐれもケガには気をつけて。

先輩たちに導かれ、守られて

2010年3月、結婚50周年を迎えたぼくと瑤子さんは、金婚式を祝うパーティーを開きました。その席で、ある芸能界の先輩が笑いながら、「おめでとう。

金婚式はすばらしいけど、年をとるとえらいことが起きるぞ。覚悟しとけよ」と予言めいたことを言うんですよ。「何がですか」と聞いても教えてくれへんから、気になって、気になって……。でもね、数年後から少しずつわかりはじめました。

年をとったら、先輩や友人がいなくなる、ということなんだなと。

あのとき、忠告してくれた先輩はぼくより先に経験していたんですね。みんな、おらんようになってしまうことを。それが、どんなに寂しいかも。

でもね、喜劇役者は先輩の芸を見て、盗んで、自分のモノにするのが得意中の得意。ということは、ぼくの中に、尊敬する大物スターたちから盗んだものや学んだものが、たくさん詰まっているはずなんです。だとしたら、亡き先輩方とずっと一緒に生きてるってことやないですか。いつでも思い出せるし、相談できるし、叱ってもらえる。そう考えるようにしたら、ちょっとだけ寂しさがやわらぐ気がします。

今、ぼくがかけてるメガネは、おやっさん、森繁久彌先生にもらったものです。2023年公開の映画『SPELL 第一章　呪われたら、終わり』に出演したときも、このメガネをかけてました。お守りみたいなものですね。

おやっさんは、大阪府枚方市《ひらかた》の出身で、ぼくと話すときは必ず大阪弁になるんです。ぼくといると、故郷に戻ったみたいでほっとしたんかな。ほんまにいつも可愛がってくれましたね。

1991年、おやっさんは、大衆芸能分野で初となる文化勲章を受章しました。そのとき、電話で、「崑、文化勲章をもらうことになった。お前にしか言うてないから、誰にも言うたらあかんで。バレたら、取り消しになるから。わかったな。頼んだで」と、いつも通りの大阪弁で言うんですよ。ぼくは、そんなビッグニュース、早く誰かに言いたくてたまらんのに言われへん。マスコミが伝えるまでグッと我慢してたんです。

いよいよ受章パーティーの日ですよ。山田五十鈴《やまだいすず》先生に「これこれこうで秘密にするのが大変でした」と打ち明けたら、「何言ってるの？　みんな知ってたわよ」って。もう、こんなんばっかりですねん。（笑）

その山田五十鈴先生が2000年に文化勲章を受章されたときも、面白かったですよ。おやっさん、ぼくと北大路欣也《きたおうじきんや》さんを両脇に従えて、杖を突いてそろりそろりと入場するんです。でもね、ほんまは杖なんていらんのですよ！　晴れの舞台で弱々しい年寄りのふりをするのが好きなんです。あの独特のおかしみは、森繁久彌という人にしか出せませんなあ。

おやっさん、そんな素振りはみじんも見せませんでしたが、大変な経験をしてきた人なんです。NHKのアナウンサーとして満州で終戦を迎えた後、ソ連軍に連行され、地獄のような世界をくぐり抜けてきました。でも、「おれは、えらい目にあった」なんて一度も言わなかった。誰に聞かれても黙って笑ってただけです。

これは、ぼくの持論ですが、「えらい目」にあったことのある人が本物の喜劇役者になるんですよ。チャップリンもそうでした。場末のミュージックホールの芸人夫婦の子として生まれ、何度も救貧院に収容されるほどの極貧生活。そんな社会の最底辺を這いつくばって生きてきた彼が、インテリを象徴するシルクハットと燕尾服を着て、ステッキを持つからいいんです。ボロボロの穴だらけの正装姿には、金持ちへの強烈な憧れと皮肉が込められてました。

人生のドツボを見てきた人は喜劇を演じるのが抜群に上手い。きっと笑いの中に弱者への哀れみや人生の切なさがにじみ出て、その役がより滑稽で愛しく見えるからでしょう。ぼくは森繁久彌先生やチャップリンの足元にも及びませんが、子どものころのつらく苦しい経験が多少なりとも芸に厚みを与えてくれたと思います。喜劇って奥深いですね。

「日本の喜劇王」とも呼ばれたエノケン先生も、面倒見のいい方でした。あるとき、相撲の名古屋場所の後に、お相撲さんと喜劇人の親善野球大会というものが開かれたんです。エノケン先生は、「エノケン」と書かれた長い前掛けをして守備につくから、ボールが股のところで止まってね（笑）。喜劇王のせこいズルに、みんな大笑いしてましたよ。

その後、ぼくだけがキャバレーに誘われたんです。店に入った途端、バンドのマスターが「皆さん、今宵は、客席にエノケン先生がお見えです。ここで一曲歌っていただきましょう」って言うじゃないですか。これはエノケン先生、怒るやろうなあと思ってたら、先生、さっと小走りでステージに上がって「こんばんは、エノケンです」と挨拶し、持ち歌の「洒落男」を歌いはじめたんです。みんな、ワーッと大歓声ですよ。

それで終《しま》いかと思いきや、「今日はね、関西で売り出し中の崑ちゃんが来てるんだよ。これから日本一の喜劇役者になる男です。紹介しましょう。崑ちゃん、来いよ」。みんなの視線が一斉にこちらに向きました。参ったなあ、どうしよう。頭は真っ白です。まだぺーぺーですから、すぐにパッとできる芸なんてないんですよ。今となっては何をしたかも覚えてませんが、まあ、苦し紛れに何かやったんでしょう。ほうほうの体で席に戻り、「もう、呼ばんとってくださいよ」と言ったら、先生、すっと真顔になって、「君、ちょっと、ここに座れ。あのな、こういう場所で呼ばれるってことは、人気があるってことだ。すばらしいことなんだよ。必ずしも、お客さんを笑わせなくていい。『よろしくお願いします』って挨拶するだけでも値打ちがあるんだ。ほら、見てごらん。ここのキャバレーは、もう俺たちをほっとかないよ。酒も料理もどんどん出てくるから」。

その言葉通り、ビールやフルーツが次々と運ばれてきました。先生は、さらに続けて、「君はこれから人気者になるんだから、覚えておくといい。芸人は、お客さんから要求される前にやること。そしたら、後が楽になる。今日は、もう、これで誰も何も言ってこないよ」。

この日以来、ぼくは最初にファンサービスをするようになりました。どこに行っても、まずしっかりと「大村崑」をやるんです。握手もするし、サインもするし、一緒に写真も撮る。そしたら、不思議と皆さんも納得してくれるんですよ。エノケン先生には、芸能人のスマートなふるまいを教えていただきましたね。

『番頭はんと丁稚どん』の特番で東京のテレビ局に行ったときです。隣の楽屋から「誰が来てるんだ。うるさいな。上方の電気芝居屋の役者か、挨拶に来させせろ」という声が聞こえてきました。ひどい言い方でしょ。あのころ、関西の喜劇人はちょっと下に見られててね。いじめられることも多かったんですよ。ぼくも生意気やったから、「こっちは関西から来た客人や。向こうから来るのが筋やろ」と突っぱねて。そしたら、なんと、その人の弟子たちが怒ってワーッとぼくの楽屋に押し寄せてきたんです。

そのとき、矢面に立ってかばってくれたのが、渥美清《あつみきよし》、谷幹一《たにかんいち》、関敬六《せきけいろく》の3人でした。

東京では、ぼく、谷やんの家にしょっちゅう遊びに行ってたんですよ。渥美さんも寂しがり屋だから、「崑ちゃん、来てんのか」と言ってふらりとやってくる。あの人、寝転がったまま、上手に紅茶を飲んでました。ロールケーキもその姿勢でこぼさず器用に食べてたなあ。（笑）

渥美さんも片肺やったでしょ。「崑ちゃん、お互いに片っぽの肺しかないんだから、無理しちゃダメだよ。人が遊んでる間、一緒に遊んでないで休むんだ。無理は絶対にしちゃいけない」といつも心配してくれました。ぼくにそう言いながら、自分自身にも言い聞かせてたんでしょうね。

ある日、「はい、これ、あげる」と、何かをひょいと手渡してくれたと思ったら、葛飾柴又の帝釈天《たいしゃく》のお守りでした。あのフーテンの寅さんが産湯を使った帝釈天ですよ。うれしかったですねえ。実は、今も、ずっと身につけてます。ジムでトレーニングするときも、首からぶら下げてるの。このお守りがあるから、病気もケガもしない！　と自分に言い聞かせてるんです。

渥美さんも谷やんも、関敬六も、とうの昔に亡くなってしまいました。携帯電話に登録しっぱなしになってる彼らの名前を見ると寂しいですねえ。「もう、連絡先がパンパンになってるから整理したほうがいいですよ」って瑤子さんやお手伝いさんに言われるけど、こればっかりはあきません。昔の仲間は、消されへんし、消したくない。電話したら、元気なころと同じ声で出てくれそうな気がするんです。

ずっと崑ちゃんと呼ばれたい

『頓馬天狗』以来、どこに行っても子どもに追っかけられました。当時は、みんなカメラなんて持ってませんから、必ず、サインです。しかも、子どもは、大人みたいには手加減してくれへん。「崑ちゃーん！」と走ってきて、黒マジックの蓋をあけたまま、ぼくにグイグイ差し出すんですよ。もう、アッという間に服は真っ黒け！。これでは何着あっても足らんと思って、汚れてもいいように黒い服しか着なくなりました。

ちょうど、そのころ、花菱アチャコ先生にばったり会ったんです。

「お前、えらいガキに人気やな。崑って名前は、子どもに受けるやろ？　俺も、アチャコなんてふざけた名前のおかげで、子どもたちが『アチャコ！　アチャコ！』って呼び捨てにして追っかけまわしてくれるわ。言うとくけど、もみくちゃにされても怒ったらあかんで。愛されてる証拠やからな」

「ありがとうございます。肝に銘じます！」

「まあ、待て。最後まで聞け。あのな、子どものことを、たかが子どもやと思ってたら大間違いやで。その子たちは、大人になって親になる。そしたら、その子どもが、また『アチャコ！　アチャコ！』って愛してくれるんや。そして、その子たちがまた親になって……。な、そうやって続いていくんやで。子どもを大事にしてたら、ずっと『崑ちゃん』が続く。大事にしろよ」と。

ぼく、この言葉を心に置いて、ずーっと歩んできたんです。

それから数十年後、京都・南座の楽屋を出たところで親子連れに声をかけられました。きれいなお母さんと可愛い女の子です。ぼくに気づいたお母さんが駆け寄ってきて、「すみません。一緒に写真撮ってもらえませんか」と。まだ、スマホのない時代でした。「はい、いいですよ」とポーズをとろうとしたら、「ちょっと待ってください！」とお母さん。「この子を抱いてください」って。もちろん、なんぼでも抱っこしますよ。でも、その子、ちと大きいんです（笑）。5、6歳ってとこかな。重たそうやけど、「わかりました」と言って、がんばって抱き上げましたよ。そしたら、また「ちょっと待ってください。右じゃなくて、左に抱いてください」。

「えらい注文が多いな！」と思ったけど口には出さず、その重たい子をよいしょと抱きなおして、マネージャーに「はよ、撮ってくれ」と目で合図してたら、また、そのお母さん、「私、こちらに立っていいですか」。

こちらでも、あちらでも、どちらでもかまへんから、はよ撮って！（笑）

その後も、デジカメの画面で、ああだこうだとチェックしてました。あまりにも熱心やから、「この写真、どうするの？」と思い切って聞いてみたんですよ。そしたら、「母に見せてやろうと思いまして」「ああ、そう！　お母さん喜んでくれたらいいね」「母は仏壇の中におります」。

そこで初めてわかったんです。「ぼく、あなたを昔、抱っこしたのか！」

「そうです」

ぼく、この女性の亡くなったお母さんに頼まれて一緒に写真を撮ってたんですよ。子どもだったこの女性を抱っこしてね。あのときと同じポーズで写真を撮って、ぼくのファンだったお母さんの仏壇に供えようと思ったんですって。そのために何日も南座の前で待ってたって言うんですよ。「そうだったの、そうだったの」と言いながら泣いてしまいました。ぼくの涙を見て、その女性も泣いてましたね。

アチャコ先生の言うとおりやったんです。子どもはいつまでも子どもやない。大人になって、親になって、その子どもがまた好きになってくれる。

ずっと崑ちゃんでいたい。崑ちゃんでいよう。改めてそう思いました。

実は、今のシニアレジデンスでも多くの人が「崑ちゃん」と呼んでくれます。ひとりの80代の女性は、ぼくの顔を見て泣き出したんですよ。若いころ、友だちとふたりで大村崑の家を見つけてインターホンを押したら、ぼくが出てきたんですって。まさか本人が出てくるとは思わず固まってたら、ぼくが「握手しよう」と言って話しかけたらしいの。「あのときの崑ちゃんを覚えてるから、うれしくって泣くんだよ」と言ってました。

ぼくは、ただ、目の前の仕事を一生懸命やってきただけです。それやのに、こんなに多くの人の心に生き続けてると思ったら、ありがたさで胸がいっぱいになります。喜劇役者冥利に尽きますね。

もちろん、アチャコ先生もぼくの心に生き続けてますよ。せっかくだから、今の時代には、ちょっとアウトなエピソードをご紹介しましょうか。ここだけの話にしといてくださいよ。

みんなで旅館に泊まったときです。誰かが、「今、風呂に入ったら、女湯のほうにきれいなお尻が見えるらしい。アチャコ先生が言うてる！」って走って知らせに来たんですよ。先輩たちにくっついて偵察に行くと、男湯と女湯の間の壁の下に10センチ弱の排水用の穴が空いている。ぺーぺーのぼくがまず覗くと女性の足と、ほんまに真っ白でびっくりするほどきれいなお尻が見えるじゃありませんか！　先輩たちに報告せなあかんと立ち上がったその瞬間、壁の向こうから熱い湯がドバーッ！

「ギャーーー！　あつーーーーー!!」

「俺のケツ見てたなあ」

女湯からアチャコ先生の悪魔みたいな声が響きます。なんと、ぼくが見とれた、あの真っ白な美しいお尻の主は、アチャコ先生やったんです。もう、ドキドキして損したわ！　しかも、こんなしょーもないいたずらのために、わざわざお客さんがいない時間帯を狙って旅館の人に頼み込んで、女湯を貸し切りにしたって言うんだから。アホなことをとことん真剣にやるんですよ、あの人は。

子どもに愛されたのは、アチャコという名前のおかげだけやなくて、天性のいたずら坊主やったからかもしれません。

相撲観戦は生きがい

2024年7月の名古屋場所9日目、向正面の土俵下で観戦してたら、王鵬《おうほう》関に寄り切られた正代《しょうだい》関がぼくのほうに落ちてきたんです。もしかしたら、テレビでご覧になったかもしれませんね。

SNSでは「正代と大村崑の取組だ！」「正代　大村崑さんに浴びせ倒し」なんて話題になったらしいです（笑）。その後、ぼくが正代関に笑顔で「大丈夫」って言ってたり、カメラに向かって手で大きく丸を作って無事を知らせたりしたもんだから、「え？　92歳？　信じられない！」「すごい反射神経！」「お若い！元気そうで何よりです」なんてコメントがたくさん寄せられたと聞きました。ネットニュースにもなったみたいで、後日、いろんな人に「崑さん、すごいですね」と声をかけられ、ちょっと照れくさかったですね。

実は、ぼく、あの日は午後1時ごろから観てたんですよ。そしたら二度、力士が落ちてきたの。昔から、一度力士が落ちたところには、なぜか何度も落ちてくるものなんですよ。それも、不思議なことに同じ審判委員の親方のところにね。これは危ないと思って、隣で見てるおばさまに「用心せなあきませんよ。お相撲さん、落ちてきまっせ」って忠告してたんです。それが聞こえたんでしょうね。お相撲さんがこっち側でもつれたら、さっとお尻上げて逃げなあかん」なんてことを言ってたら、しばらくして、おばさまがすっとお手洗いに立たれた。その空いてる場所へ正代関がドーンと落ちてきたんです。

ぼくの予言的中率もすごいけど、おばさまがお手洗いに行くタイミングもすごい！　見事な危機管理能力！（笑）。それにしても、ケガがなくて、ほんまによかったです。間一髪でした。

10年ほど前には、同じ名古屋場所で宝富士《たからふじ》関が落ちてきたこともあります。

そうです。このところ勝ち越しの快進撃を続けるベテラン力士、「花のロクイチ組」の宝富士関です。審判委員の錦戸《にしきど》親方（元・水戸泉《みといずみ》関）が振り返って「師匠、大丈夫ですか」って心配してくれるから、「大丈夫やあらへん。あんた、なんで止めてくれへんの」って訴えたら、「ハハハ」って苦笑いするんです。「なんで笑うんかな？」と思った次の瞬間、「ああ、そうやった！　この人に言うてもあかんかった！」と。現役時代、この人ほど何度も土俵から落ちてきた力士はいませんからね。水戸泉関の派手な塩まきと豪快な相撲、覚えてる人も多いでしょう。

このときは、残念ながら無傷というわけにはいかず、打撲と擦り傷で1カ月ほど痛くて大変でした。

土俵下のたまり席は、相撲に集中していないとえらいことになるんです。こっちがケガしたら、力士にも心配かけて申し訳ない。だからぼくは、いつも、シャキッと背筋を伸ばして緊張感をもって真剣勝負のつもりで観戦しています。

思えば、相撲との出会いは、四つか五つのときでした。おやじがよく神戸の花相撲を見に連れていってくれたんです。いつもは大人しく座席で見てるんだけど、あるとき、トコトコと土俵際まで行ってってしまって。次に取組する力士の座布団に手をかけて土俵をじっと眺めてたんです。すると「おい坊主、ここは俺の席だぞ」という低い声がしたかと思うと、ひょいと持ち上げられた。見ると、大きな大きなお相撲さんやないですか。そのお相撲さんがなんともいえず優しい顔で笑って、ぼくの頭を撫でてくれたんです。夢見心地でしたねえ。

おやじのところに駆け戻って「お父ちゃん！　今な、あのお相撲さんに頭、撫でてもろた！」と言うと、「そうか、よかったな。あの人は、清水川《しみずかわ》という強い力士や。覚えときや」。覚えときやも何も、もう、すっかり夢中です。うちは電気店をやってたので、ラジオがたくさんありました。相撲の実況中継にかじりついてると、アナウンサーが「清水川、鎌首をもたげました」なんて言うんですよ。彼の独特の仕切りは、そんなふうに言われてたんです。もう、ドキドキは最高潮。「清水川、がんばれ！」「清水川、がんばれ！」「よっしゃ、勝った！」と、そりゃもう大興奮です。

四股《しこ》の美しい、上手投げの強い力士でした。不思議ですねえ。ラジオで聞いてたのに、しっかりと目に焼き付いてるんですから。

いつかお会いして、「子どものとき、あなたに頭を撫でていただいた大村崑です。それ以来、ずっと大ファンでした。相撲を好きになれたのも、あなたのおかげです。清水川関、ありがとうございます」と感謝を伝えたかったんですが、残念ながら、願いはかないませんでした。これからも相撲を愛し続けて、恩返しするしかないですね。

相撲は、健康にも役立ってますよ。なんせ、ぼくは人の動きを見て真似するのが得意でしょ。小学校のころ、先生の前で相撲の動きをやってみせたら「お前、器用な男やな！」と驚かれたぐらい上手なんです。もちろん、実際に相撲をとったら、大きな男には負けるんですけどね（笑）。いろんな型の中でも蹲踞《そんきょ》は健康にいいと思いますよ。下半身を鍛えるトレーニングとして最高じゃないでしょうか。

グラグラしない、しっかりとしたところにつかまって、立った状態から膝を開いて深く曲げ、かかとを上げたままで腰を沈め、上体をまっすぐに保つ。そして立ち上がる。みなさんも、ぜひ、やってみてください。最初はきついから無理せず、少しずつ回数を増やしてね。ぼくは、20回ほど繰り返せます。

もちろん、これからも相撲観戦に出かけるつもりですよ。テレビを見る機会があったら、たまり席にぼくを探してみてください。

最近は、お相撲さんが落ちてこなくても、そこに座ってるだけで「大村崑」がSNSで話題になるんだとか。「今日も崑ちゃん、元気ハッラッに相撲観戦!」なんて書き込んでくださってると聞きました。いやあ、うまいこと、言いますなあ。中には、「一瞬ドキッとしたが、すごく元気で安心した」なんて声も。要は、「大村崑という名前が出てきたから死んだかと思いきや、ピンピンしてた」ってことでしょう。もはや、ぼくの生存報告になってますやん!(笑)

それにしても、皆さんのコメント、うれしいですねえ。励みになります。万が一、お相撲さんが落ちてきてもスッとかわせるように、ますます筋トレをがんばらなあきません。

第4章

自分が変われば世界も変わる

いばるな、怒るな

実はぼく、２０２４年10月に、「人生百年時代がやってきた」というＣＤをリリースし、日本最高齢歌手としてデビューしたんですよ。お声がけいただいたときは驚きましたが、実際にやってみたら楽しかったですねえ。いくつになっても新しいことにチャレンジするのはええもんですな。毎日、童謡を熱唱して喉を鍛えてきた甲斐がありました。レコーディングの後、スタッフのみんなと居酒屋で打ち上げをしたんです。そしたら、そこの手洗いの貼り紙にこの言葉が。

負けるな
腐るな
焦るな
いばるな

怒るな

いやあ、驚きました。この5つの「な」は、森繁のおやっさんのモットーだったんです。うれしくなってトイレを飛び出し、居酒屋の大将の手を握って言いましたよ。「ありがとう！　あなたが、トイレに貼ってるあの言葉、森繁久彌の精神そのものですよ。感動しました。ほんまにありがとう！」。大将、若かったからキョトンとしてましたけどね。（笑）

ぼく、おやっさんに、いつも言われてたんです。


「崑ちゃん、負けるな。いつも一等賞でいけよ」

「うまくいかへんときも腐ったら、あかんで。お前、腐ってる場合ちゃうやろ」

「焦るな、ゆっくり行け」

「大村くん、今日は肩がいばってるね。どうしたの？　いばったらあかんよ」


こんな具合です。五番目の「怒るな」は、おやっさん自身が行動で教えてくれました。ほんまに怒らへん人やったんですよ。本気で怒ってる姿なんて一度も見たことがありません。


みんなで高級レストランに連れていってもらったときのこと。そこの料理が、どうしたことか、ことごとくまずいんですよ。みんな、がんばって食べようとするものの、どうしても箸が進まへんのです。かといって「まずいですねえ」とは言われへんし。次第にお通夜みたいに座がシーンと沈んでいったんです。

「料理長を呼んで」とおやっさん。料理長が緊張した面持ちでやってきます。

「あなたが作ったの？　食べてみた？」

「はい」

これは雷が落ちるぞ。どんな言葉が飛び出すのかとハラハラしてると……。

「のどちんこ、ぼくが手術してあげよか？」

え？　の、のど？

今、のどちんこって言うた？

みんな顔を見合わせた後、こらえきれずにブーッと吹き出しました（笑）。料理長もほっとしたんでしょうね。頭を何度もペコペコと下げながら苦笑いしています。こういう怒り方があったのかと目からウロコでした。ぼくなら、「こんなまずい料理、食えへん。片づけてくれ」と言って席を立ったでしょう。さらにひと言ふた言、嫌みを言わないと気が済まへんかったかもしれません。

でも、おやっさんは、感情的に怒りをぶつけたり、怒鳴りつけたりせずに、不満をユーモアに包んで伝えたんです。それでも、クレームの内容がしっかり伝わったことは、料理長やボーイたちの神妙な態度からわかりました。

この話には、さらに続きがあるんです。一週間後、また、そのレストランに同じメンバーで行ったんですよ。ぼくは、正直、「かなんなあ。また、まずかったら、どうしよう……」とハラハラしてました（笑）。ところが一口食べてみたら、おいしいんです！　そのほかの料理も、すべてが絶品なんですよ。おやっさん、帰り際に料理長を呼んでね。「どれも本当にすばらしかった！　ありがとう！」ってまるで自分のことのように喜んで絶賛してました。
だれかを諌めたとしても、そのまま放っておかない。必ず、もう一度チャンスを与えて、努力が見えたら全力で褒めて励ます。そんな場面を何度も見せてもらいました。おかげで、ぼくも、いつの間にか見習うようになったんです。

そもそも普通の人は、再び、同じ店に足を運ぼうなんて思いませんよね。でも、おやっさんは、違うんです。一度の失敗では、相手を見限らへん。どんなことも長い目で見ることが、長生きにつながったんちゃうかな。
森繁久彌こそ、コミュニケーションの達人です。ほんまに、たくさんのことを学ばせてもらいました。

ぼくは、キャバレーで働いていた若いころには、よくけんかもしたし、どっちかというと短気で怒りっぽい性格だったんです。でも、この世界に入ってから段々と怒らなくなりました。けんかは勝っても負けてもつまらないし、陰で口汚くのしっても、すっきりするどころかますます腹が立ってくる。ええことなんて、ひとつもないとわかったからです。もちろん、森繁のおやっさんの影響もあると思います。

喜劇役者っていうのは、芝居の中でどんなに怒ってみせても、最後は笑わさなあかんでしょ。怒ったままやったら、「あの人、なんやねん？　怖い人やな」ってなってしまう。いつも大勢から見られてる芸能人は、日頃から怒らんようにしといたほうがいい。怒りっぽい人が、舞台で笑わそうとしてもしらけますやん。

実際、怒りっぽいと早死にすることは、科学的に証明されてるんですよ。カッとすると自律神経が乱れて、心拍数や血圧が上がる。すると血行が悪くなって細胞が栄養不足になり、老廃物や疲労物質が排出されにくくなるんですって。さらに体を老化させる活性酸素が増える。毎日イライラしてたら、体が錆《さ》びついてしまうというわけです。

ぼく、早いうちに怒らへん生き方を選んでよかったと思います。ぼくの仲間たちは、怒りっぽい人が多かったんですよ。情にもろいええ人ばかりやったけど、仕事のストレスもあって、すぐカッとなるの。楽屋で弟子や付き人をきつく叱ってる姿もしばしば見かけました。あんなに怒らへんかったら、もっと長生きできたかもしれんと思うと残念です。

あなたは、ささいなことで怒ってませんか？

人間、作り笑いをするだけでも副交感神経が作用してリラックスできるそうですよ。カッとしたら、相手に怒りをぶつける前に口角を上げてみてください。健康のためにも短気は損気でっせ。

負けるな
腐るな
焦るな
いばるな

怒るな

5つの「な」は、どれも大事ですが、年をとると特に最後のふたつ「いばるな」と「怒るな」は大事になってくると思います。いばり散らすじいさん、怒鳴り散らすじいさんは、みんなに嫌われますやん。ぼくだって近寄りたくないですもん。

いつもユーモアを忘れず、ご機嫌に暮らすことが、長生きの秘訣です。お互いに気をつけましょうね。

スマホも補聴器も使いこなして

10年ほど前からスマホを使っています。瑤子さんが先に使いはじめて、「便利そうやな」と興味をもって教えてもらいました。

若い人みたいに使いこなしてるわけじゃないけど、フェイスブックやインスタグラムのアカウントも持ってますよ。最近はあんまり更新してませんが、気が向いたら筋トレやウォーキングの動画をアップしてます。ただ、ネットの世界には、人を傷つける言葉を平気でぶつけてくる人がいるじゃないですか。そういうのは、できるだけ目にしたくないから、いろんな人のコメントを熱心に追いかけたり、ネットニュースを頻繁に見たりはしないようにしています。スマホとのつきあいも、ほどほどがええんちゃうかな。

でもね、ぼくがスーパーマンと呼んでるトレーナーの岩越さんなんか、若いだけあって片手でスマホをサクサク操作するんですよ。トレーニング中にぼくが言ったことを、さっとスマホにメモしたりしてね。「すごい！　魔法みたいやな」と思わず見とれてました（笑）。ぼくも、あんなふうに片手で使いこなしたいと思ってやってみるんですけど、指が動かへんのです！　悔しい！

補聴器も、ずいぶん前から使ってます。子どものころに、伯母に殴られて難聴になったことはすでにお話しした通りです。そのせいでずっと左耳が聞こえにくかったんですが、最近は「え？　崑さん、補聴器してるんですか！」って驚かれるんですよ。聞き返すこともなく普通に会話してるから、「年のわりに耳がいい」と思われるんですね。最近の補聴器は小さくて目立たへんでしょ。ぼくが「使ってるよ」と言わなければ気づかれへん。いい時代になりました。この年になって難聴のハンデが、ほぼなくなってしまうなんて思いもしませんでしたよ。

補聴器は慣れるまでちょっと時間がかかるけど、使いこなすとほんまに便利です。ぼくは、しっかり聞きとりたいときは、レベル3に、家にいて寛《くつろ》ぎたいときはレベル1にという具合にこまめに操作しながら使っています。

なんでも日本は、高齢化が進んでいるわりに補聴器の使用率が諸外国に比べて低いんだとか。難聴になっても病院に行かずに放置して、不便さを我慢している人がすごく多いみたいです。大きなお世話ですけど、ちょっと聞こえにくくなったなと思ったら早めに病院で診てもらったほうがいいですよ。

昨年秋、耳鼻科の先生方が「聴こえ８０３０運動」というのをはじめたのをご存じですか。歯の８０２０運動にちょっと似てますな。８０３０というのは、80歳でささやき声を聞き取れる30デシベルの聴力を保とうという意味だと聞きました。高齢者は、難聴であればあるほど認知症になるリスクが高いんですって。えらいことですね。「年をとったら、多少、耳が遠くなって当たり前」なんて呑気《のんき》に構えてたらあかんのです。補聴器を使っている人は、使ってない人に比べて認知症になりにくいという研究成果も発表されてるそうですよ。

認知症予防になると聞いたら、さっそく補聴器を使いたくなりませんか？

ただ、補聴器は、メガネみたいに買ったその日から体の一部、みたいにはならへんのです。最初は、ちょっと不快に感じる場合が多いんですよねえ。その理由をお医者さんに聞いたら、「人は、耳で聞いているわけではなくて脳で聞いてるから。補聴器を調整しながら脳のトレーニングをしなくてはなりません。『聴覚リハビリテーション』が必要なんです」とおっしゃってました。どうやら、リハビリに励むつもりで気長に補聴器に慣れる訓練をせんとあかんみたいです。

年をとったら、スマホにしろ、補聴器にしろ、ハイテク機器を上手に使ったほうがええと思います。せっかくこんな便利な時代に生きてるんですから、道具のチカラを借りて快適に暮らそうじゃありませんか。

何ごとも、我慢は禁物でっせ！

鏡をよく見よう

道具といえば、鏡は使いこなしてますか。そうです、そうです。ハイテクでもなんでもない。どこのお宅にもある普通の鏡です。「そんなもん、使いこなしてるに決まってるやろ。ハハハ」なーんて笑っているあなた、ほんまですか？　ほんまに使いこなしてますか？

たとえば、今日は何回、鏡を見ました？　朝起きて歯を磨くときに、洗面台の鏡に映った自分の顔をちらっと見たきりちゃいますか？　なんでわかるかって？

ぼくも、放っておくとそうなってしまうからです。

自分の顔を何回も見たからといって急に男前になるわけやなし、若返るわけやなし。鏡の中にいるのは、いつものパッとせえへん年寄りのじいさんですもんね。「そんなもん、見てどないすんねん？」と言いたくなる気持ち、すごーくよくわかります。

でもね、やっぱり自分の顔はチェックしたほうがええと思いますよ。なんでかって？　年をとったら、ズバリ、清潔感が命だからです。肌も髪も若いころのようなツヤやハリがなくなってくるでしょう。天然由来の清潔成分がなくなってしもてるから（笑）、マメにチェックしてこぎれいにしておかないと、なんとなーくみすぼらしく見えるんですよ。

ぼくは、リビングのテーブルに鏡を置いておいて、「今、どんな顔してるかな」とちょくちょく確認してます。小さな鏡でいいんで、あなたも、一度、置いてみてください。自分が思ってる以上に不機嫌な仏頂面してまっせ。そのことに気づいたら、「あかん、あかん」と口角を上げて、にっこりスマイル！　口元にごはん粒やソースがついてないかも、ついでに見といてくださいよー。

テーブルだけやなくて家のあちこちに、いろんな大きさの鏡を備えるのもいいですね。玄関に全身が映る姿見を置いておくと、さっと服装のチェックができるし、「よっしゃ、これから外出するぞ」と気合いを入れられます。玄関以外にも目に入りやすいところに鏡があれば、「おっと、猫背になってる」と気づいて、そのたびに背筋をグッと伸ばすこともできるしね。人は「見られるときれいになる」と言うやないですか。あちこちに鏡を置いて、「自分で自分をしょっちゅう見てきれいになる」んです（笑）。だまされたと思ってやってみてください。

年をとったら清潔感。そのためにどんどん鏡を活用しましょう！

いくつになってもおしゃれは大事

2018年のNHK大河ドラマ「西郷《せ ご》どん」を覚えてますか？ ぼくは、西郷《さいごう》隆盛《たかもり》の祖父・龍右衛門《りゅうえもん》の役で出演したんです。当時86歳。大河ドラマ史上最高齢出演と、ちょっと話題になりました。でも、今から考えたら、86歳なんてまだまだヤングですやん！

撮影は夏の盛り。若い俳優さんたちは、ジーンズや短パンといったラフな格好で稽古に励んでました。暑いから仕方ないんですが、さすがにその格好では幕末の雰囲気は出されへんと思ってね。ぼく、白いかすりの着物に扇子を差し、カンカン帽に下駄履きで行ったんですよ。「おはようございます！」と涼しい顔で登場したら、皆さん、びっくりしてました。へへへ。夏の暑さもなんのその。最高齢喜劇役者の心意気ですな。

ぼくの装いに刺激されたんでしょうか。翌日から皆さん自然と着物になりました。主演の鈴木亮平《すずきりょうへい》さんは、黒い浴衣をビシッと着こなしてましたよ。カッコよかったですねえ。後日、プロデューサーに「師匠、ありがとうございます。おかげで稽古が引き締まりました」とお礼を言われました。お役に立ててよかった。やっぱり、着物と洋服ではちょっとした所作も変わってきますからね。時代劇は、着物でやらんと演技が練られへんと思います。

役者にとって着るものは、ものすごく大事なんです。仕事では役に合わせて、いろんな服を着てきました。「西郷どん」のときも仕事にかける意気込みを表すだけじゃなくて、ちょっと粋でおしゃれに見えるように工夫したんですよ。そしたら、場もパッと華やぐし、自分も周囲も楽しくなるやないですか。いくつになっても現役の喜劇役者として、こういう配慮は忘れないようにしたいものです。

講演や取材などの仕事やプライベートに着る服は、基本的に瑤子さんがコーディネートしてくれてます。彼女が2カ月間イタリアへ行くするときは、ジャケットとシャツ、ズボンに印をつけて、パッと見るだけで、どれとどれを組み合わせて着ればいいかわかるようにしてくれてました。ありがたいことですねえ。

そんなふうに服選びは、瑤子さんやお手伝いさんに手伝ってもらってますけど、メガネはすべて自分で選んでます。ぼく、昔からメガネが好きなんですよ。若いころは暇があれば、百貨店のメガネ売り場に寄って、気に入ったものを2、3本買ったりしてました。

今も、近所のメガネチェーン店とセレクトショップの両方にしょっちゅう通って、新作をチェックしてます。いつの間にか両方の店長さんと仲良しになってね。「崑さん、今のトレンドはこういうフレームですよ」なんてアドバイスしてくれるんです。薦められた瞬間は、「ええ？　これ？　どうかなあ」なんて半信半疑なんですが、いざ鏡を見たら「あれ！　意外にええやん！」と（笑）。たまにはプロの意見を聞いて冒険せんとあきませんなあ。自分では選ばないものが案外似合ったりしてね。新鮮な発見が刺激になるし、おしゃれの幅が広がりますもん。

ぼく、メガネは300本以上持ってるんです。大半は、福井県鯖江《さばえ》市の「めがねミュージアム」に寄託し、その一部は「大村崑コレクション」として展示されてます。美空ひばりさんや石原裕次郎《いしはらゆうじろう》さんなど有名人のメガネもたくさんありますよ。ぼくがご本人からもらった本物ばかり。もし鯖江市に足を運ぶことがあったら、めがねミュージアムにも足を運んでみてください。昭和の芸能史をメガネで振り返れて楽しいでっせ。

おしゃれといえば、最近、白髪染めをやめました。長い間、行きつけの散髪屋でカットと毛染めをしてもらってたんですよ。馴染みのご主人が、「師匠、このあたり、もうすぐハゲますよ。あ、ここもハゲますね」って毎回、脅かすんです。「そうかあ。しゃあないなあ。どうせハゲるんやったら、喜劇役者らしく面白い感じにハゲてくれたらええけどな」なんて言ってました。

そうこうしてるうちにコロナ禍になり、その店に行けなくなってしまった。困ってたら、瑶子さんが「すぐ近くに女性美容師さんがひとりでやってるサロンがあるから行ってみたら」と。「えええ！　女性だけのお店なんて照れるなあ、行きたくない！」なんて渋ってたんですけど、思い切って飛び込んでみたんですよ。感じのいい中年の女性美容師さんにカットしてもらいながら、「ぼくの髪の毛、どうですか。ハゲますか？」って聞いたら、「え？　崑さんの髪は一本一本が太くてしっかりしてるから、ハゲませんよ。これから先もハゲませんから安心してください。それに、いい感じのグレイヘアになってきてますから、もう、染めなくていいんじゃないですか」。なんと前のご主人と真逆のことを言わはるやないですか！

でもね、確かに以前は、髪がすき間だらけで頭皮が見えてたんです。それが、いつの間にか太い毛が生えてきてすき間がなくなってきたんです。しかも髪の根っこが黒くなってきた。我ながら不思議に思ってたんですよねえ。

ちょっと調べてみたら、どうやらこれも筋トレに関係があるみたいなんですよ。筋トレすると、筋肉から出る成長ホルモンの分泌が促されるらしく、それが髪の老化予防に役立つんですって。成長ホルモンって「成長」とついてるから、子どものときにだけ出るもんやと思いがちやないですか。実際はそんなことないんですねえ。人間の一生にわたって代謝に関わる大事なものらしいですわ。ぼくも詳しいことはわかりませんが、髪は大部分がたんぱく質でできているから、成長ホルモンが分泌されるほど白髪になりにくく丈夫で健康になるんだそうです。

いやあ、またもや筋トレの効果に驚く結果となりましたな。筋トレ、おそるべし！　コツコツとトレーニングを続けるうちに、足腰だけやなくて髪まで健康になってたなんて。ぼくの場合、少しずつ太くて黒い毛も生えてきてるから今も完全な白髪にはなってないんです。

白髪染めをやめてグレイヘアにしてから、鮮やかな色の服が似合うようになりました。ぼく、相撲観戦のときは、ピンクやオレンジなどカラフルなポロシャツを着ることが多いんですけど、「似合ってますね」と言われることが増えた気がします。

いくつになっても、おしゃれはいいですなあ。案外、今が一番、楽しめてるかもしれません。

挨拶は自分から

ぼくたちが住んでるシニアレジデンスでは、エレベーターやレストランで居住者の方々としょっちゅう顔を合わせます。ぼく、いつも自分から挨拶するんですよ。そのときね、ちょっと気をつけてることがあるんです。なんやと思います？それはね、どんな言葉で挨拶するかってこと。

もちろん、「おはようございます」とか、「いい天気ですね」とかでいいんですよ。いいんですけど、それだけやったら後が続かへんでしょ。

「おはようございます」
「おはようございます」
「いい天気ですね」
「ほんまに、いい天気ですね」

それでおしまいやないですか。次、会ったときも、ほぼ同じ繰り返しになってしまう。「いい天気ですね」が「雨ですねえ」になったり「暑いですなあ」に変わったりするぐらいで。もちろん、それで十分なんですが、もうちょっと楽しくしたいですやん。

だから、ぼく、レストランで食事を終えた人とすれ違ったら、「どうでした？おいしかった？」なんて話題を振るんです。そしたら相手も顔をしかめて「今日はあかん」なんて答えてくれるの。「え⁉　あかんかったん？　魚と肉とどっちがあかん？」。あ、ちなみにここのレストラン、夕飯は、日替わりの肉料理と魚料理からどちらか選ぶ方式なんです。「肉があかん」「えええ、肉があかんのーん？　今日は、肉にしようと思ってたのにー。困ったなあ！」なんて、ちょっと大げさに反応するんです。そしたら相手も楽しそうに笑って、「今日の肉料理は、ここのところがもうひとつでね……」なんてさらに詳しく教えてくれて。次の日は、向こうからポンと肩を叩いて「崑さん、今日の肉はいけまっせ」とガッツポーズで教えてくれたりもします。

必ずしもそれ以上、親密にならなくてもいいんですよ。ばったり会ったときに、ちょっと交わす会話が楽しければ十分。それだけでお互いに気持ちがハッピーになって、一日が上機嫌になりますやん。

会話は「言葉のキャッチボール」と言うじゃないですか。ほんまにそのとおりやと思います。「言葉」という「ボール」を投げて、相手の「心」という「グローブ」にスコンと気持ちよく入れてあげることが大事なんです。自分も相手の投げたボールをきちんと受け取って、また気持ちよく投げ返す。その繰り返しですよね。

ぼくは、できるだけ相手がうれしくなるようなボールを、相手が受け取りやすいところに投げたい。しょんぼりさせたり、怒らせたり、嫌な気持ちにさせるボールは投げたくないし、こっちの都合で好き勝手に投げて、相手に無理してつきあわせたくない。だから、言葉や口調に気をつけるんです。

どんなささいな会話も、「言葉のキャッチボール」やと思います。奥さんと食卓で交わす会話も、コンビニの店員さんとの会話も全部です。ほんまもんのキャッチボールは若くないとできませんが、言葉のキャッチボールに年齢制限はありません。いくつになっても上達します。幸せに生きるための大きな武器になりますから、腕を磨いておくといいと思うなあ。人間関係が明るく円満になりまっせ。

ぼくは、ジムでも気持ちのいい会話を楽しむようにしてます。更衣室でトレーニングウェアに着替えてたりすると、「あ、崑さんや。やっとご本人に会えた！ぼくも、ここに通っているんです。よろしくお願いします」なんて声をかけられることが多いんですよ。ほら、ぼく、ライザップのテレビコマーシャルにも出演してたでしょ。

「大村崑です。こちらこそ、よろしくお願いします。いつごろから来てはるんですか」

「もう4カ月になります」

「わあ。楽しくなってくる時期ですねえ。がんばってくださいい！」

中には、名刺をくださる方もいます。ぼくは持ち歩いてないからお渡しできませんが、ありがたく頂戴しますよ。そして、顔と名前を覚えておくんです。仮に、その人が「高橋さん」だったとしましょう。次に顔を合わせたときに、「高橋さん！　また会いましたね」と声をかけると、「もう名前を覚えてくだったんですか」とものすごく喜ばれます。翌日には、色紙に「崑さん、母にサインをお願いします」なんて頼まれたりしてね。ぼくは、「元気ハツラツ、美しく！」とお母様向きにアレンジしたメッセージを添えてサインするんです。

え？　名刺の名前をどうやって覚えるのかって？　それには、ちょっとしたコツがあるんです。ぼくの知ってる「高橋さん」を記憶の中から引っ張り出して、名刺の人と関連づけて覚えるようにするんですよ。長年、この方法でやってきたせいかなあ。今でもわりに苦労しないで記憶できます。

とまあ、こんなふうに自分から積極的に挨拶しますが、もちろん無理に近づかない場合もありますよ。「あ、この人、芸能人が好きじゃないんやな」と感じたら、そっと静かに距離を置きます。たとえば、ぼくと目が合った途端に、すっと視線を逸《そ》らす人なんかはそうですね。ニコッと微笑んで会釈はしますが、それ以上、話しかけることはしません。

そうそう、芸能人嫌いといえば、最近、こんなことがありました。ここに入居以来、レストランでぼくをずーっと見つめる男性がいたんです。

「ああ、今日も見てるなあ」と思って会釈するでしょ。すると、プイッと知らん顔するの。微笑むでもなし、頭を下げるでもなし。完全な無視なんですよ。なんやあの人？　と気になってねえ。瑤子さんに、「奥さんは明るくて社交的やのに、旦那さんは無愛想で感じ悪いなあ」とボヤいてたんです。

そしたら先日のことですよ。ぼくがエレベーターを降りたら、廊下の向こうからその男性が歩いてくるやないですか！

わあ、来た、来た。またどうせプイッとされるから、こっちも無視して通り過ぎようかな。いや、いくらなんでも、それは大人げないな。もう一回だけ挨拶して、それでも無視されたら、今度こそ、あきらめよう……なんていろいろ考えてね。すれ違う瞬間に、いつも通り笑顔で会釈したんですよ。そしたら、その人、「あああああ!」って大きな声を出したかと思うと、「崑さん!」と言って深々とお辞儀したんです。えええ? どういうこと? もう、こっちがびっくり仰天ですよ。

実は、ひどい近眼の上にメガネが合ってなくて、ずっと見えてなかったんですって。そんなオチありますか? いやあ、ほっとしました。うれしかったなあ。

部屋に戻るや否や、瑶子さんに「あのずーっとぼくを無視してた感じの悪いおっさん、近眼で見えてなかったんやて。さっき会って話したよ。めちゃめちゃ、感じのいい人やった。もう、一発で大好きになってしもた!」と報告しました。勢いでおっさんなんて呼んでしまって、すんません(笑)。それにしてもぼくって、つくづく単純でお人好しですよねえ。すぐ上機嫌になるんやから。でも、自分の周りの人を好きでいられるって最高に幸せやないですか。やっぱり、ぼくは人間が好きなんだなあ。

このシニアレジデンスはぼくにとって「舞台」やとお話ししましたね。部屋を一歩出たら「大村崑」を演じてるって。でも、よう考えたら、誰にとっても住んでいる町は、その人にとっての舞台なんですよね。あなたもぜひ、自分から挨拶して言葉のキャッチボールを楽しみ、周りの共演者のみなさんと素敵な舞台を創ってください。

独り言も楽しく

それはそうと、テレビを見てたら、ついつい独り言を言ってませんか？

ぼく、昨日、プロ野球を見てたんですよ。その間、ずーっとひとりでしゃべってましたわ（笑）。「ええところで、ええ選手を出すやないの！」「監督、さすが！」「ここで一発かましたら、男やで！」「それ行けーーー！」。なんややかんや言うてるうちに、独り言が面白くなってきて大笑いです。瑤子さん、あきれてましたね。毎度のことやから、「ご機嫌でええね」とクールに微笑んでました。まあ、ダンナが不機嫌にしてるより、うれしそうに笑ってるほうが、なんぼかええんちゃいます？　司令官には、多少うるさいぐらいは我慢してもらいましょう。

ぼくね、独り言も面白いほうがええと思うんですよ。

たとえば、立ち上がるとき、「よっこらしょ」って口から出てしまうじゃないですか。あれ、なんとなく大儀そうに聞こえません？　ほんまは立ち上がりたくないのに、しゃあないから立ち上がるみたいに響きますやん。だからぼく、「よっこらしょ」とは言わないようにしてるんですよ。その代わりに「よし、行くぞう！」って言うんです。

もちろん、吉幾三《よしいくぞう》さんの許可はもらってませんよ（笑）。勝手に使わしてもらってるだけです。ひとりのときも「よし、行くぞう！」。周りに人がいても「よし、行くぞう！」。初めて聞いた人は、みんな、びっくりして吹き出しますよ。そして「その掛け声、いいですねえ。面白い！」と褒めてくれるんです。

あなたも、だまされたと思って、いっぺん、言ってみてください。「よっこらしょ」を「よし、行くぞう！」に変えただけで、立ち上がりにぐっと弾みがついて、足が前に力強くスッと出ますから。周りの人たちも「おっ、今日は元気やな」って喜んでくれると思いますよ。

たかが独り言やと、侮らんほうがええと思うんですよ。「どうせ、誰も聞いてへんから、何を言うてもかまへん」とは考えんほうがいい。他人が聞いてなくても、肝心の自分が聞いてますやん。「嫌だ、嫌だ」とか「ああ、つまらんなあ」とかマイナスのことばっかり口にしてたら、自分の頭にそれが刷り込まれてしまいます。気持ちが暗くなっていくばっかりでっせ。

それと同じで「ここが痛い」「ここがつらい」なんて愚痴もあんまり言いすぎないほうがええと思います。もちろん、同世代が集まって体調の悩みを打ち明けて、「私もそう」「ぼくもそう」と慰め合うのは悪いことやないし、病院の評判なんかが聞けて情報交換にも役立つでしょう。

でも、忘れたらあかんのは、自分の痛みやつらさは、どれだけ言葉を尽くしても相手には伝わらないということです。ぼくも、他の人の痛みやつらさを想像はできても、本当にはわかりませんもん。

体調の悪い日が続くと、そのことで頭がいっぱいになって、藁《わら》にもすがる思いで誰かに相談したくなる気持ちはめちゃくちゃわかりますよ。でも、年がら年中、「ここが痛い」「これがつらい」と愚痴るのは、やめといたほうがいい。いつの間にか癖になってしまって、口を開けば「痛い、痛い」と嘆いてばかりの「ザ・お年寄り」になってしまいます。病は気からと言うやないですか。自分も周りも笑顔になれるような楽しい話をしたほうが、体調だって上向くと思います。

ぼくも元気ハツラツとはいえ、93歳。調子の悪いときは、もちろんありますよ。でも、家から一歩出たら、全部忘れてシャキッ！　とするんです。30年来のお手伝いさんが、「師匠は、二重人格やね。家にいるときとは別人ですやん」とあきれるほど、顔も姿勢も変わるそうです。「よっしゃ、今日も一日、笑顔でいくぞ」と自分に言い聞かせるんです。それが元気の秘訣やと思います。

愚痴は、ほどほどに。独り言も楽しく、前向きに。合言葉は、「よし、行くぞう！」でまいりましょう。（笑）

孫はいつか離れまっせ

ぼくたち夫婦には、孫がいないんですよ。そのせいで、友だち同士の会話に入れない時もありました。たとえば、男4人で食事に行くでしょう。途中から必ず孫の話になるんです。ぼくも写真を見せてもらったら可愛いなあと思うけども、それ以上は、わかりませんやん。正直、「退屈やなあ」と思ってたんです。

ところが最近、同じ面子で食事しても孫の話がまったく出ないんです。不思議に思って「孫の話、せえへんやん！　あの孫、どうなったの？」って聞いてみました。そしたら、「もう、大学生になったから、お年玉を渡すのやめたんや。そしたら、まったく寄りつかへん」ですって。

残りのふたりも「うちもそうや」ってうなずいてます。「孫が小さいうちは、

『あれが欲しい。これが欲しい』ってねだるたびに、『おじいちゃん、おばあちゃんに買ってもらいなさい』って娘夫婦がしょっちゅう連れてきてたけど、今は、だれも寄りつかへんし、電話もかからへん」って。

このシニアレジデンスでも面白い話を聞きましたよ。

レストランで人の輪ができてるなと思ったら、ひとりの女性が何やら話してるんです。ぼくも近づいてみたら、「息子の子は、孫ではありません！」ってひと言が聞こえてきました。

うん？　どういうことやろうと思ったら、「息子は、必ず嫁さんの里に行きます。私たち親が近くに住んでても、こっちには、めったに遊びにきません。孫も連れてきません。そのくせ、嫁さんの里には、たとえ、それが四国でも九州でも北海道でも沖縄でも、しょっちゅう行きよるんです！」やって。（笑）

聞いてる人たちはみんな、「そうやねん」「ほんまに」と何度もふかーくうなずきあってます。その女性は、さらにこう続けました。

「そもそも、娘の親は、娘が結婚するとき、『そんな男と一緒になるんやったら、親子の縁を切る！』と怒ってても、その娘が反対を押し切って結婚して赤ん坊を抱いて帰ってきた途端に相好を崩して、『おお、よしよし』と大喜びして孫にメロメロになるんです。そうなったら、娘も実家を頼って、頻繁に孫を連れて帰るようになります。そういう背景があるんです。だから……」

みんな身を乗り出して「だから？」。

「娘の子どもは、私たちの孫です。しかし、息子の子どもは、私たちの孫ではありません。あれは、嫁さんの子どもです」

みんな、拍手喝采ですよ。そして、「その通り！」「そうやねん。息子の子どもは、孫ちゃうねん！」「お金も手間もかけて育てたのに、結局、息子は嫁のもんや」「親なんか見向きもせん」。一斉に日頃の思いをぶちまけておられました。

息子の子どもは、息子の「嫁さんの子ども」であって、「自分たちの孫じゃない」んですって。うまいこと言いますなあ。みんなうなずいてたから、きっと当たってるところがあるんでしょう。

孫は、いつまでも小さい子どもじゃないですもんね。いつか、成長して、独り立ちしていく。じいじもばあばも、可愛い盛りを思いきり楽しませてもらってる間に、自分たちの楽しみを探しとくのがいいですね。

今こそ、夫婦のスキンシップ

あれは、2年ほど前だったでしょうか。筋トレが順調に進んで外出が楽しくなったころ、瑤子さんとふたりで買い物に出かけたんです。速足の彼女と肩を並べて歩けて、なんともいい気分でした。しばらくしたら、何かの拍子にぼくの手が瑤子さんの手に触れて、そのまま手を握ったんですよ。

こうやって歩くなんて、何年ぶりやろ？　なんだか、うれしくなってフェイスブックに、「今日は手をつなぎました。久々に握った瑤子さんの手は温かかった。気分がなごみました」と書いたんですよ。そしたら、瑤子さんも自分のフェイスブックに「久しぶりに主人と手をつないで歩きました。主人の手は温かかった」と投稿してたんです。同じことを感じてたんですねえ。手の温《ぬく》もりは、心の温もりにつながると改めて思いました。

ぼくたち年寄りの男性は、奥さんと手をつないで歩くとか、信号を渡るときにそっと手を引いてあげるとか、あんまりしないでしょ。ちょっと照れくさいんかな。周囲の目も気になるしね。「わざわざ、そんなことせんでも嫁はついてくる」と思ってる人も多いかもしれません。時々、奥さんのずーっと前をスタスタ歩いてる旦那さんも見かけますもんね。

でも、手をつないだり、ちょっと肩を支えてあげたりすることで相手を大事に思う気持ちが伝わるんですよねえ。スキンシップの効果って、ものすごく大きいんです。夫婦ふたり、苦楽をともにしてきたわけやし、あとどれぐらい一緒にいられるかわからへんやないですか。一緒に並んで歩けるなんて、ものすごい幸せなことですよ。

孫ばっかり抱っこしてる場合ちゃいまっせ。そんな暇があったら、奥さんと手をつながんとあきません。（笑）

ぼくね、シニアレジデンスに来てから、努めて瑤子さんの体に手を触れたり、さすったりするようにしてるんです。実は、引っ越し当初、ふたりの間にちょっとギスギスした空気が流れることがあったんですよ。新しい環境に慣れようとして、お互いにストレスを感じてたんやと思います。ふたりとも、「窓からお月さまが見えない」と嘆いたり、「前の家のほうが広くて、居心地がよかった」とぼやいたりしてね。それで、余計にスキンシップを大事にしようと思ったんです。

たとえば、ぼくの部屋に入って来た瑤子さんが、いつもより元気がないと感じたとしますよね。すると「どうしたの？」「どっか痛いの？」と聞くんです。「足が痛いの」と答えが返ってきたら、「ちょっとトレーニング、やりすぎじゃない？」と言って足をさすってあげる。それだけです。それだけですけど、ふたりの間に温かいものが通い合う気がするんですよね。

こういうこともありました。ある朝、瑤子さんが洗面所で何かを一生懸命に洗ってるんですよ。「それなんなの？」と尋ねたら、「まつ毛ブラシ。お化粧するときに使うの」「ふーん。そんなに丁寧に洗わなあかんの？」。ぼくが何気なく言ったら、急に顔を覆って泣き出したんです。

「どうしたん？」。ぼくがうろたえて聞くと、「私のお母さん、あれだけ、おしゃれできれい好きな人やったのに遺品を整理したら、化粧品の引き出しが汚れてて悲しかったから……。自分が死んだとき、『大村崑さんの奥さん、引き出しの化粧品まで全部きれいやったね』って言ってもらえるように、こうやって洗ってるねん」って。「そうか、そうか。お母さんのことを急に思い出したんか。瑤子さんは、優しい娘やな」と肩に触れると、まるで小さな子どもみたいに泣きじゃくりました。

瑤子さんのお母さんは、家にひとりでいるときに亡くなってしまったんです。そばにいてやりたかったと今も悔やんでいるんでしょう。ぼくにできるのは、その気持ちを受け止めることぐらい。そやから「泣いたらええ。泣きなさい。ぼくも大好きなお母さんやったよ」と言いながら、しばらく抱きしめてました。

こんな言い方をするのは、ちょっと照れくさいですけど、ふたりの愛を確認できたと思いましたね。長い間、嫁さんをしっかり抱きしめたことなんかなかったですから。93歳の夫と88歳の妻の抱擁、なかなか素敵なラブシーンやと思いませんか？


ぼくね、猫が寝てる姿を見るたびに思うんですよ。愛されてる猫は、あきれるほど人間を信頼しきって、体を伸ばすだけ伸ばして、なんの警戒心もなく熟睡してるじゃないですか。「ああ。動物がほんまに安心したら、こんなに気ままな格好で寛げるんやなあ」って毎回、感動するんです。人間も同じちゃいますか。夫婦がお互いを心から信頼できたら、泣いたり、笑ったり、怒ったり、弱音を吐いたり、グータラしたり……いろんな自分を伸び伸びと表して暮らしていけるんじゃないかな。

ぼくは、瑤子さんにそうあってほしいし、彼女の笑顔や涙に寄り添って暮らしていきたいなあと思います。

……なーんて、まるで理想の夫みたいなことを言ってますが、実際は、そんなことありません。ほら、ぼく、根が短気ですから。ちょくちょくケンカになるんです。「司令官、そんな言い方ないやろ⁉」ってスネたくなるときもありますしねえ。

この前も、原因はなんやったかなあ。ちょっと忘れてしまいましたけどケンカになってね。しばらく口を利かなかったんです。そしたら、瑤子さんがぼくの好きなヨーグルトとお菓子をお盆に載せてもってきてくれたんですよ。でも、ほら、まだちょっと怒ってるでしょ。「ふん。お菓子なんかで買収されへんぞ」って意固地になって、このまま無視したろかと思った。けど、あ、これはあかんぞ、瑤子さんも仲直りしたいから、こうやってぼくの好物を持ってきてくれたんや、いつまでもへそを曲げてたらあかんと思い直して、「わあ。ぼくの好きなものばっかりやん。ありがとう!」と言って、おいしくいただきました。

たまたま、その日、冷蔵庫の調子が悪くなってたことを思い出してね。とってつけたみたいに「それにしても冷蔵庫! 買い替えなあかんねえ。これまでよく働いてくれたよねえ、あの冷蔵庫。瑤子さん、いつ買いに行く? 今度の日曜に家電量販店に行く?」と矢継ぎ早に話しかけました。ええときに壊れてくれて、冷蔵庫さまさまです。ありがとう! 冷蔵庫!(笑)

ぼくと瑤子さんが出会ってから、65年。これからもずっとずっと支え合って、生きていきたいと思います。

102歳で愉快なフィナーレ

ありがたいことに93歳の今も、映画に歌に講演に、そして相撲観戦にと(笑)、日本全国を飛びまわって仕事をさせてもらってます。

インタビューなどで記者の方に、「いくつまで現役を続けますか」と聞かれることが多いんですが、ぼくの答えは、いつも「102歳まで生きることにしてます。100歳まで喜劇役者を続けて、筋トレしながらピンピン楽しく過ごして102歳で旅立つ予定です」。

なんで102歳なのか？　そうですねえ。100歳であの世に行くのは、区切りがよすぎるやないですか。喜劇役者としては、ちょっと面白味が足らんのですよ。102歳がちょうどええかなと（笑）。それに筋トレで日々若返ってるから、102歳までは余裕で生きられる気がするんです。

五代目柳家小《やなぎやこ》さんさん、覚えてはりますか。落語家として初めて人間国宝に認定された方です。永谷園の即席みそ汁「あさげ」のコマーシャルでも親しまれました。あの方は亡くなる前夜、「ちらし寿司が食べたい」と出前をとってペロリと食べ、「明日は、いなり寿司にしてくれ」と言い残して寝室に行ったまま、起きてこなかったそうです。これぞ大往生！　憧れますねえ。ぼくも、そんなふうにサラッと旅立ちたいものです。

さらに神様がわがままを聞いてくださるなら、あちらに行くのは、秋がええなあ。ぼく、コスモスが好きなんですよ。丹波に畑をもっていたときには、一面にコスモスの種を蒔いていました。その美しいことといったら！　毎年、台風が来るとぺちゃんこになるんですけど、翌朝には、再びほとんどがスッと立ってるんです。あんなに細い茎のどこに、そんなたくましさが宿っているのか。可憐な姿に秘めた、しなやかな強さにも魅《ひ》かれます。

ぼくが死んだら、棺の中をコスモスでいっぱいにしてほしいな。願わくはコスモスの下にて秋死なん、です。

どんなお葬式にするかは、もう、決めてるんですよ。ちゃんとマネージャーに伝えてあります。

ぼく、1992年から2023年までの31年間、フジテレビの人気ドラマシリーズ「山村美紗《やまむらみさ》サスペンス　赤い霊柩車」に出演し、石原葬儀社の専務・秋山隆《あきやまたか》男役《お》を演じてきたでしょ。そのおかげで全国の葬儀屋さんに顔が利くんです。各地の葬儀社のイメージキャラクターを引き受けてきましたし、今も年に一度、総会に招かれてお話ししたりしてますからね。そんなコネを利用して、「ぼくが死んだら、赤い霊柩車で運んでちょうだいね」と頼んであるの。今ね、北海道に1台だけあるのは確認済みなんです。「大村崑が死んだ！」と連絡が行ったら、その貴重な赤い霊柩車が大阪まで一路、やってくる段取りになってます。

もちろん、葬式のイメージも固まってますよ。今、流行りの家族葬なんかとんでもない。あんなん、あきません、あきません。一番大きな会場を押さえて、たーくさんの人に参列してもらい、盛大に執り行います。ここだけの話ですが、万が一、あんまり人が集まらへんようなら、エキストラを200人ぐらい雇ってもらいましょう。バレへんように、ちょっと演技指導をしてもらってね。（笑）

式は、湿っぽくなく楽しくやりたいですねえ。お経は、できるだけちゃちゃちゃっと短めに済ましてもらって、音楽を流したり、ダンスの映像を流したりしてにぎやかに。なんとなく場が温もってきたら、いよいよ主役・大村崑の登場です。もちろん、本人はすでにご臨終されてますからね。あらかじめ撮っておいた映像でのご出演です。

「皆さん、こんにちは、大村崑です。今日は、ようこそおいでくださいました。わざわざ私のために足を運んでくださってありがとうございます。みなさんが、いつまでも幸せでありますように、ぼくが天国から責任をもって見守りますのでご安心ください。必ず、長生きできますよ。元気ハツラツ！　オロナミンCです。その代わり、今日来なかったヤツめ、覚えておけよーー。化けて出たるからなーーーー」

そこへ、重厚かつ流麗なアナウンスです。「では、みなさん、いよいよ出棺のお時間がまいりました。大村崑とのお別れです。どうぞ、『頓馬天狗』を歌いながら、お見送りください！」

当時、ぼくとキングかなりや子供会が歌った「頓馬天狗」の懐かしくもとぼけた歌が流れます。エキストラを筆頭に熱唱しながら、号泣してもらいましょう。そんな中、ぼくは赤い霊柩車に乗って、「皆さーん、長い間ありがとう、さようならーーーー！」。

喜劇役者のフィナーレとして、どうでっしゃろ？　ええと思いませんか？

あとに残る瑤子さんのことだけが心配ですが、みんなに香典をはずんでもらって、余生をのんびり過ごしてもらいましょう。

ぼくは、ヘルシーな「砂糖」

え？　こんなお葬式、けったいすぎる？（笑）。えへへ。大村崑、102歳の大往生でっせ。楽しく、あっけらかんとにぎやかなほうがええやないですか。

ぼくね、喜劇役者は「砂糖」やと思ってるんですよ。どんな料理も調味料の

「砂糖」がちょっと入るだけでぐっとおいしくなるでしょう。どんな舞台やドラマも、ぼくが加わるだけで面白くなる、そんな「砂糖」の役割を果たしたいとずっと考えてきました。

ドラマ「赤い霊柩車」も、最初は笑えるシーンなんか、ひとつもなかったんですよ。これでは、ぼくの出る幕はないと思って原作者の山村美紗先生に「このドラマ、ぼくは向いてませんから、降板させてください」ってお願いしたぐらいです。そしたら先生、「何を言ってるの？　大村崑が面白くしてくれると思ってお願いしたんじゃない。あなたが、面白くしてくださいよ」とおっしゃるじゃないですか！　まさか、そんなことを期待されていたとは！　「え？　では、本に手を入れてもいいんですか」「どうぞ、どうぞ。ご自由になさってください」と。

それから、どんどん笑いの場面を入れていったんです。ドラマをご覧の方ならご存じやと思いますが、主な掛け合いの相手は、山村先生の娘さんであり、女優の山村紅葉《もみじ》さんでした。彼女は真面目な人やから、しっかり台本を覚えてきます。そんな彼女に「この台詞はなしで」「え？　な、なしで？」「そう。その代わり、こう言うて」「はい」「ぼくがこう動くから、あなたはこうして。それを繰り返してね」「何回、繰り返しますか」「それは、そのときの呼吸やから、わからへん」「わからへんのですかあ！」なんて、ああでもない、こうでもないとやりとりを繰り返して作っていきました。（笑）

喜劇はリズム感が大事やから、紅葉さんは苦労したと思いますよ。でも、ぼくたちの掛け合いを毎回楽しみにしてるという声をたくさんいただくようになってね。あれは、うれしかったなあ。ドラマが長く続く原動力のひとつになったんちゃうかな。山村美紗先生に約束した通り、ドラマを面白くする「砂糖」の役割を果たせたと胸をなでおろしました。

たとえば、すき焼きに砂糖を入れると、ぐっと味がまろやかになるじゃないですか。肉の旨味も野菜のおいしさも引き立ちます。砂糖は、料理を単に甘くするだけやなくて、味に深みを与えながら、万人が好きな親しみやすいおいしさに変えるんですね。

喜劇役者の役割も同じやと思います。シリアスで難しいドラマも、プロの喜劇役者の軽妙な演技という「砂糖」がちょっと加わるだけでクスッと笑える面白い場面が加わって、子どもからお年寄りまで誰が見ても楽しくて親しめる作品になる。

ぼくはね、舞台や映画、テレビドラマの中だけやなくて、普段の生活でも周りを明るくする「砂糖」でいたいんです。「崑ちゃんと話すと楽しい」「なんでかわからへんけど、崑ちゃんと話した後は、元気になってる」なんて感じてもらえたら、こんなにうれしいことはありません。だから、いつでも笑顔で自分から挨拶するんですよ。

この本も、あなたのこれからの人生を楽しく、味わい深く、より一層、元気にする「砂糖」になったらええなあ。

できれば、いつもそばに置いて、落ち込んだときなんかにページをめくってみてください。この「砂糖」の良さは、なんべん読んでも平気なところ。世界で一番、ヘルシーですからね。

気分は上がっても、血糖値は上がりません。

笑顔が増えても、体重は増えません。

ね、最高でっしゃろ（笑）

さあ、元気ハツラツな「幸齢者」をめざして、できることをやっていきましょう。それでは、崑ちゃんといっしょに！

「よし、行くぞう！」

本書は書き下ろしです。

P89〜107は、『婦人公論』2021年11月号掲載の対談を再構成して収録しています。

大村崑

1931年兵庫県生まれ。喜劇役者。キャバレーのボーイ、司会業を経て、コメディアンとしてデビュー。『やりくりアパート』『番頭はんと丁稚どん』『頓馬天狗』などに出演。「崑ちゃん」として子供から大人まで幅広い層から親しまれる存在に。出演したＣＭが話題となった大塚製薬「オロナミンＣ」を愛飲し、来客にも振る舞っている。日本喜劇人協会会長などを歴任。93歳の現在も、映画出演や講演など、精力的に活動している。著書に『崑ちゃん90歳 今が一番、健康です！』、『崑ちゃん・鎌田式 老化のスピードを緩める最強の習慣！』（鎌田實氏との共著）がある。

93歳《さい》、崑《こん》ちゃんのハツラツ幸齢期《こうれいき》

2025年３月25日　初版発行
2025年６月30日　再版発行

著　者　大《おお》村《むら》　崑《こん》

発行者　安部順一

発行所　中央公論新社
〒100-8152　東京都千代田区大手町1-7-1
電話　販売 03-5299-1730　編集 03-5299-1740
URL https://www.chuko.co.jp/

ＤＴＰ　平面惑星
印　刷　共同印刷
製　本　大口製本印刷

Published by CHUOKORON-SHINSHA, INC.
Printed in Japan　ISBN978-4-12-005906-3 C0095